高职思政课实践教学创新研究

王文艺 刘慧 王翠云 汤文龙 ◎ 著

河海大學出版社
HOHAI UNIVERSITY PRESS
·南京·

图书在版编目(CIP)数据

高职思政课实践教学创新研究 / 王文艺等著. -- 南京 : 河海大学出版社, 2021.11
ISBN 978-7-5630-7241-5

Ⅰ. ①高… Ⅱ. ①王… Ⅲ. ①高等职业教育—思想政治教育—教学研究—中国 Ⅳ. ①G711

中国版本图书馆 CIP 数据核字(2021)第 212610 号

书　　名　高职思政课实践教学创新研究
　　　　　GAOZHI SIZHENGKE SHIJIAN JIAOXUE CHUANGXIN YANJIU
书　　号　ISBN 978-7-5630-7241-5
责任编辑　齐　岩
特约编辑　陈晓灵
特约审读　秦咏梅
特约校对　季苏懿
封面设计　张艾米
出版发行　河海大学出版社
地　　址　南京市西康路 1 号(邮编:210098)
电　　话　(025)83737852(总编室)　(025)83722833(营销部)
经　　销　江苏省新华发行集团有限公司
排　　版　南京布克文化发展有限公司
印　　刷　苏州市古得堡数码印刷有限公司
开　　本　718 毫米×1000 毫米　1/16
印　　张　8.5
字　　数　183 千字
版　　次　2021 年 11 月第 1 版
印　　次　2021 年 11 月第 1 次印刷
定　　价　60.00 元

前言

PREFACE

高职院校思政课承担着对大学生进行系统的马克思主义理论教育的重任，有着中国特色社会主义大学第一课的重要地位，是高职院校学生必修的基础课，是新时代培养担当民族复兴大任时代新人的“核心课程”“灵魂课程”。党的十九大报告提出：“要全面贯彻党的教育方针，落实立德树人根本任务，发展素质教育，推进教育公平，培养德智体美全面发展的社会主义建设者和接班人。发挥社会主义核心价值观对国民教育、精神文明创建、精神文化产品创作生产传播的引领作用，把社会主义核心价值观融入社会发展各方面，转化为人们的情感认同和行为习惯。”这为高职院校思政课建设指明了方向。加强高职院校思政课实践教学对于适应高职院校人才培养工作需要和提高思政课教学效果等具有十分重要的作用。

在社会的不断发展中，思政课实践教学逐渐成为高职院校发展和培养学生的主要方式。在实际的教学中通过理论结合实践，能够使高职院校学生认识到自己肩负的责任和使命。但是现阶段的思政课实践教学依然停留在原有的教学方式上，使得教学工作停滞不前。对此，就要根据时代的发展以及高等职业院校的发展状况来对思政课实践教学进行不断的创新，这样才能够更好地培养学生。

中国特色社会主义进入新时代，对高职院校思想政治理论课发挥育人主渠道作用提出了新的更高的要求。为继续打好提高思想政治理论课质量和水平的攻坚战，应坚持不懈地传播马克思主义科学理论，讲清、讲透习近平新时代中国特色社会主义思想的时代背景、重大意义、科学体系、精神实质和实践要求，全面推动习近平新时代中国特色社会主义思想进教材、进课堂、进学生头脑，打牢大学生成长成才的科学思想基础，引导大学生树立正确的世界观、人生观、价值观，不断提高大学生对思想政治理论课的获得感。

目录

CONTENTS

第一章

高职院校思政课实践教学概论

我国高等职业学校开设的思想政治理论课肩负着学习、研究、宣传马克思主义与培养中国特色社会主义事业建设者和接班人的重大任务，是巩固马克思主义在高职院校意识形态领域的指导地位，坚持社会主义办学方向的重要阵地，是全面贯彻落实党的教育方针，培养中国特色社会主义事业合格建设者和可靠接班人，落实立德树人根本任务的主渠道；是进行社会主义核心价值观教育，帮助大学生树立正确世界观、人生观、价值观的核心课程。办好思想政治理论课事关意识形态工作大局，事关中国特色社会主义事业后继有人，事关实现中华民族伟大复兴的中国梦，必须始终将其摆在突出位置，持之以恒、常抓不懈。

作为中国特色社会主义高校标志之一的高职院校思想政治理论课，多年来一直受到党中央的高度重视。40 多年来，伴随着改革开放和中国特色社会主义现代化建设的发展进程，高职院校思想政治理论课先后实施了“1978 年方案”“1985 年方案”“1998 年方案”。特别是自 1998 年以来，为了适应形势发展和高等教育改革的要求，高等职业学校思想政治理论课教学在内容和方法上进行了改革，积累了新的经验，取得了良好的效果。1998 年，经党中央批准，中宣部、教育部印发了《关于普通高等学校“两课”课程设置的规定及其实施工作的意见》，进一步明确了“两课”的地位与作用，并对思想政治理论课的实践教学提出了要求。从此，“两课”建设进入了一个新的阶段。2004 年，中共中央、国务院下发了《关于进一步加强和改进大学生思想政治教育的意见》，文件指出：“努力拓展新形势下大学生思想政治教育的有效途径。深入开展社会实践。社会实践是大学生思想政治教育的重要环节，对于促进大学生了解社会、了解国情，增长才干、奉献社会，锻炼毅力、培养品格，增强社会责任感具有不可替代的作用。要建立大学生社会实践保障体系，探索实践育人的长效机制，引导大学生走出校门，到基层去，到工农群众中去。高等学校要把社会实践纳入学校教育教学总体规划和教学大纲，规定学时和学分，提供必要经费。积极探索和建立社会实践与专业学习相结合、与服务社会相结合、与勤工助学相结合、与择业就业相结合、与创新创业相结合的管理体制，增强社会实践活动的效果，培养大学生的劳动观念和职业道德。要认真组织大学生参加军政训练。利用好寒暑假，开展形式多样的社会实践活动。积极组织大学生参加社会调查、生产劳动、志愿服务、公益活动、科技发明和勤工助学等社会实践活动。重视社会实践基地建设，不断丰富社会实践的内容和形式，提高社会实践的质量和效果，使大学生在社会实践活动中受教育、长才干、作贡献，增强社会责任感。”

2005 年 3 月，中共中央宣传部、教育部又颁布了《关于进一步加强和改进高等学校思想政治理论课的意见》（教社政〔2005〕5 号，简称“05 方案”），“05 方案”进一步明确指出：“切实改进高等学校思想政治理论课教育教学的方式和方法。要加强实践教学。高等学校思想政治理论课所有课程都要加强实践环节。要建立和完善实践教学保障机制，探索实践育人的长效机制。围绕教学目标，制定大纲，规定学时，提供必要经费。加强组织和管理，把实践教学与社会调查、志愿服务、公益活动、专业课实习等结合起来，引导大学生走出校门，到基层去，到工农群众中去。要通过形式多样的实践教学活动，提高学生思想政治素质和观察分析社会现象的能力，深化教育教学的效果。”这一方案不仅进一步强调了实践教学的重要性，而且对实践教学的课程设置、教学安排、组织管理等具体环节做出了明确的规定，对高校思想政治理论课实践教学工作提供了强有力的政策保障。党的十八大以来，以习近平总书记为核心的新一届中央领导集体高度重视思想政治理论课建设工作，习近平总书记对此多次做出重要指示，提出要办好思想政治理论课。据此，中宣部、教育部站在一个新的高度，对高校思想政治理论课建设提出了新的要求。

2015 年，中共中央宣传部、教育部关于印发《普通高校思想政治理论课建设体系创新计划》的通知指出：“实施高校思想政治理论课建设体系创新计划的基本原则是：坚持理论与实际相结合，注重发挥实践环节的育人功能，创新推动学生实践教学和教师实践研修。坚持教学与科研相结合，努力探索攻克教学难关，强化马克思主义理论学科和科研对教学的支撑作用。坚持教师讲授与学生参与相结合，注重师生教学互动，充分调动学生学习的主动性和积极性。坚持课堂教学与日常教育相结合，积极拓展思想理论教育渠道，创新发挥第二课堂的教育作用。坚持思想政治理论课与专业课相结合，注重发挥所有课程的育人功能，所有教师的育人职责。坚持校内与校外相结合，注重资源整合，探索建立全社会关心支持思想政治理论课建设的长效机制。”

1. 着力培育学生理论骨干和理论社团。实施卓越马克思主义理论人才培养计划，加强学生理论骨干培养。

2. 着力提高校园文化建设的理论品质。实施高校学生马克思主义自主学习行动计划，充分发挥学生理论学习的主体作用。

3. 整合资源强化实践教学。制定印发《高校思想政治理论课实践教学大纲》，进一步规范实践教学。推动思想政治理论课实践教学与大学生社会实践活动有机结合，整合思想政治理论课教师和辅导员队伍，共同参与组织指导实践教学。各高校要健全组织管理方式，逐步形成学校思想政治理论课教学科研机构、宣传部、教务处、学工部、团委等部门协调配合的实践教学工作机制。积极争取社会各方面支持，整合实践教学资源，拓展实践教学形式，建设一批相对稳定的实践教学基地。注重总结实践教学成果，把优秀调研报告等作为课堂教学的补充材料。

这一计划以创新的思维进一步丰富了实践教学的内涵，提出了齐抓共管的实践教学大格局，把高职院校思政课实践教学建设工作推向了一个新的高度。

中共中央这一系列文件精神不仅强调了实践教学在新形势下思想政治理论课教育教学中的重要地位与作用，而且明确指出当前和今后一段时期思想政治理论课开展实践教学的目标、内容、途径和方法，是高职院校思想政治理论课实践教学的纲领性文件，也是大学生高质量完成社会实践，顺利实现教育教学目标的根本指导思想。

第一节　高职院校思政课实践教学的内涵与特点

实践教学是当前高职院校思想政治理论课教学中不可替代的重要环节，经过这些年的教学改革与实践，各高职院校已形成共识。同时，在新的形势下，思想政治理论课面临新的机遇和新的挑战，思想政治理论课实践教学的重要性和迫切性显得更加突出。然而，究竟什么是思想政治理论课的实践教学？它与教师和同学们熟悉的思想政治理论课的课堂教学、与一般的社会实践活动和各类专业课的实践教学有什么不同和联系？这是进行思想政治理论课实践教学的每一个教师和学生首先必须搞清楚的问题。

一、高职院校思想政治理论课实践教学内涵与特点

思想政治理论课实践教学是在思想政治理论课教师的组织下，按照既定的教学目标，依据思想政治理论课实践教学大纲和教学计划，在思想政治理论课的理论教学基础上组织和引导大学生主动参与实际生活和社会实践，通过具体实践途径，获得以思想道德方面的直接体验为主要内容，帮助大学生进一步理解、吸收、内化基本理论、原理，从而进一步树立马克思主义的世界观和方法论，以提高大学生思想道德素质为目标的多种教学方式或教学环节的总和，是思想政治理论课教学的重要组成部分和环节。它有以下七个显著特征。

1. 多样性。思想政治理论课实践教学在形式上是多种多样的，既有体验式的实践教学，如组织学生进行社会考察、调研、参观、访问等活动，又有参与式的实践教学，如组织学生开展社会服务、“三下乡”和“志愿者”活动等，还有综合式的实践教学，即以上两种形式实践教学的特点兼而有之。思想政治理论课教师作为实践教学活动的组织者和指导者，应该根据思想政治理论课的教学内容来设计实践教学的内容和形式。

2. 课程性。课程性是实践教学区别于其他实践活动的一个显著特征。它是一种课程意义上的实践教学过程，与课程的理论教学相呼应，具有一定的课程结构、相应的实施规范和考核办法，集中体现出实践教学服务于课堂教学的教育教学本质。这个特征规定了思想政治理论课实践教学活动的指向性和目的性，是思想政治理论课实践教学活动开展的基本前提。只有使学生通过课堂的理论教学，具备一定的思想政治理论知识，才能组织学生有针对性地开展思想政治理论课实践教学活动，才能使思想政治理论课的理论教学内容在实践活动中得以应用和证实，从而达到实践教学预期的目的。

3. 自主性。思想政治理论课的实践教学是一种充分体现学生主体地位的教学活动形式。应该说，充分尊重学生的主体性是实践教学的根本。在思想政治理论课的实践教学中，学生是真正的主体，教学离不开学生的积极主动的参与，因此，在实践教学中，要充分重视大学生自我教育的主体地位以及自我调控的能动地位。应给大学生充分的自由让其自主选择、自主参与和自主调节。思想政治理论课教师只对大学生进行必要的指导，为大学生提供开放的条件和个性发展的空间，使其主动性和能动性得到较充分发挥。

4. 实践性。思想政治理论课实践教学是以突出大学生的主体实践活动为主要形式，通过提供和创造各种条件引导大学生参加社会实践、参与社会生活，让大学生在参与丰富多样的实践活动中了解社会实际生活，获得亲身感受和直接经验，增强大学生进一步学习思想政治理论课的兴趣，提高其对社会生活各方面的认识能力，坚定社会主义的信念。因此，实践性是思想政治理论课实践教学的首要的、最基本的特征，即思想政治理论课实践教学的实践性在于，学生作为主体对社会实际生活的直接感受性和参与性，不具备这一特征就不能称其为实践教学活动。

5. 开放性。思想政治理论课实践教学的开放性，首先在于活动环境的开放性，即社会实际生活作为实践教学的客体性要素是流动的和动态的，没有固定不变的边界。其次，思想政治理论课实践教学在引导大学生走入社会生活中，不给大学生定过多的条条框框，也没有严格的操作程序限制，其具有极大的灵活性和多样性。大学生可以从不同的方面来分析和解决在实际生活中遇到的问题，还可以用多种方法、形式来完成活动和表达活动结果，因而在内容和形式、过程和结果上都具有开放性。

6. 综合性。思想政治理论课实践教学的综合性主要表现在两个方面：其一，实践教学活动虽然直接接触的客体是有限的，是社会生活的某个领域或方面，但涉及的内容或问题具有综合性，既有经济和政治方面的，又有文化和思想方面的；其二，思想政治理论课实践教学在目的性上关注的是大学生的兴趣、态度、知识、方法、能力和价值理念等方面的综合发展，而不是学生作为主体的某种能力或技能的提高。

7. 社会性。社会性同样是实践教学的一个重要特征。首先，实践教学的场所或环境是社会，它的定位是课堂外开展的教学活动，是与课堂理论教学相对应的教学环节。实践教学就是通过真实的社会生活场景、环境，使学生作为社会生活的直接参与者，让学生在社会生活中自主地发现问题、认识问题和寻求解决问题的方法，并通过分析具体问题独立地做出判断和决策，以培养学生运用所学理论解决实际问题的能力。其次，由于实践教学开展于社会生活之中，学生通过实践教学活动直接感受社会生活，因此，学生的实践教学既是接受教育的过程，也是实现社会化的过程。

综上所述，思想政治理论课实践教学是一种既不同于课堂教学，又不同于一般的专业课实践教学和社会实践的教学活动，它有其特定的内涵和活动形式。这“三个不同及联系”是我们科学把握思想政治理论课实践教学的内涵和特征的一把钥匙。

二、思想政治理论课实践教学的“三个不同及联系”

1. 思想政治理论课实践教学不同于思想政治理论课的课堂教学，它是思想政治理论课课堂教学内容的实践化、应用化的活动过程。其两者的区别主要在于以下四个方面：① 时空形式不同。课堂教学是以固定的时间（学时）和固态的空间（教室）形式展开教学活动的；实践教学则是以灵活的时间（课外）和开放的空间（社会）形式展开教学活动的。简而言之，思想政治理论课的理论教学开展于课堂之中，而思想政治理论课的实践教学则开展于课堂之外。换句话说，它的课堂就是校门之外的社会生活。② 功能作用不同。课堂教学侧重于理论知识量的积累和记忆，强调理论知识的学习和理解能力；实践教学侧重于理论知识在实际生活中的应用，强调主体能力的锻炼和优化，即思想政治理论课实践教学更加注重对学生素质的培养，包括思想道德素质和其他素质，并且能使对学生素质的培养落在实处。③ 教育教学方式不同。课堂教学突出理论知识的灌输和传授，对学生来说，是一种对间接经验比较被动的获得方式。实践教学突出理论知识的应用与主体能力的发挥，是一种通过对社会生活的直接参与和体验获得直接经验的方式。④ 考评方式不同。课堂教学基本上是以考试分数为依据，侧重结果评价；实践教学则以体验感受为依据，侧重过程评价。

尽管思想政治理论课实践教学与课堂教学存在着这样或那样的区别，但两者之间仍然存在着内在的联系，即两者都属于教学范畴，都是思想政治理论课教学的有机组成部分和必要环节，它们都统一于思想政治理论课教育教学的体系之中，都是实现思想政治理论课教育教学目的的教学环节。课堂教学是实践教学的前提和基础，实践教学是课堂教学的延伸和补充。值得注意的是，在课堂教学与实践教学的关系中，课堂教学始终是思想政治理论课教育教学的主阵地或主要方式，思想政治理论课教育教学仍然要以课堂教学为主，实践教学只是思想政治理论课教育教学的辅助环节和手段，思想政治理论课的课堂教学与实践教学的这种主辅关系，不论在什么时候都不能颠倒。对此，我们一定要有一个清醒的认识。

2. 思想政治理论课实践教学不同于一般的专业课实践教学。后者建立在学生体验和动手的基础上，通过特定的专业实践、实训，培养出符合各专业培养目标要求的、符合社会需要的高技能应用型人才，侧重于培养学生“如何做事”。前者则具有鲜明的思想性和意识形态性，在增进学生对所学理论的理解和对社会现实问题的认识基础上，启发他们对自己应承担什么样的社会责任、应肩负什么样的历史使命进行理性思考。也就是说，思想政治理论课实践教学侧重于培养学生“如何做人”。同时，两者也是紧密联系、相辅相成的。思想政治教育目标的实现，只有与专业课实践教学培养学生技能的过程相结合才能落到实处。专业课实践教学旨在培养学生“如何做事”，这一目标的实现同样也要依靠思想政治教育的正确引导，否则就不可能使学生成为社会需要的合格人才。概言之，思想政治理论课实践教学为人才的培养进行了思想导航，指明了正确的培养目标和方向，而专业课实践教学则是培养人才的具体技能；思想政治教育贯穿于专业人才培养的全过程，而专业课实践教学则以特定的专业人才培养作为思想政治教育的具体展示和物质基础。

3. 思想政治理论课实践教学不同于一般的社会实践活动。思想政治理论课实践教学与一般的社会实践活动相比较，尽管它具有一般社会实践活动的某些特征和形式，但在本质上不同于一般的社会实践活动。就内涵而言，一般的社会实践活动是主体通过中介系统改造客观世界和实现客体价值的客观物质活动，而思想政治理论课实践教学活动则是旨在改造主观世界和优化主体能力的现实性活动；就活动的目的而言，一般的社会实践活动以对客观世界或特定客体的改造为目的，而实践教学活动则以培育和优化主体的能力为目的。由此可见，思想政治理论课实践教学活动与一般的社会实践活动有着确定的界限，不能把两者混同起来。但也要看到两者有共同性，即实践教学活动具有一般的社会实践活动的某些特点。比如，无论何种实践教学活动都有其作用的客体要素，如果不以社会实际生活作为客体要素，形成相互作用的关系，即如果离开客体，没有主体以一定的方式对客体产生影响和作用，就不能称之为实践教学活动，就不能在严格的意义上把实践教学与课堂教学区分开来。

思想政治理论课实践教学是一种既与课堂教学、一般的社会实践活动相区别，又与课堂教学、一般的社会实践活动相联系的教育教学活动。说到底，它在本质上仍然是一种教育教学活动，只不过是一种具有实践活动的某些特点和形式的教育教学活动。

第二节 高职院校思政课实践教学的原则与途径

以上集中探讨了实践教学的内涵和特征，特别对教师和同学们熟悉而又容易混淆的“三个不同”进行了分析，理解和掌握这些内容，可以说就已经掌握了实践教学“入门”的钥匙了。但这只是一个良好的开端，要真正完成一次高质量的实践教学还必须坚持以下基本原则，选择正确的途径并掌握正确的方法。

一、高职院校思想政治理论课实践教学的基本原则

1. 必须从学校实际出发，与专业课实践教学有机结合，突出实践教学的可行性。思想政治理论课实践教学应该与专业课实践教学有机结合，为思想政治理论课实践教学的开展搭建新的平台。思想政治理论课实践教学和专业课实践教学是紧密联系、相辅相成的，两者的结合不仅可能，而且必须。当前，高职院校“工学结合”的人才培养模式为思想政治理论课实践教学搭建了一个新的平台，高职院校思想政治理论课实践教学必须根据“工学结合”人才培养新模式的特点进行改革，积极寻找一条适合“工学结合”人才培养模式的大学生思想政治教育的新途径。为此，高职院校应以专业实习为契机，利用企业的资源优势，构建稳定的全方位、多领域的思想政治理论课实践教学基地；以社会调查、社会服务、社会体验为主要内容，充分利用企业的生产条件和职业氛围强化对学生的思想政治教育，让学生走出教室，走出校园，走向企业，以“职业人”的身份参与实际工作，“在学做事中学做人，在学做人中学做事”，从而实现“实践育人”的目的。

2. 必须从实践教学的教学目的出发，以理论为指导，突出实践教学的课程性。思想政治理论课的理论知识是思想政治理论课实践教学的理论性和知识性要素。学生们必须通过课堂的理论教学，具备一定的思想政治理论知识，才能有针对性地组织开展思想政治理论课实践教学活动，才能使思想政治理论课的理论教学内容在实践活动中得以应用和证实，从而达到实践教学预期的目的。

实践教学的根本目标在于通过联系丰富多彩的实际，充分展示毛泽东思想和中国特色社会主义理论体系的魅力，进而努力学习并掌握其理论的精髓。因此，无论开展什么样的实践教学都是对理论教学的强化和巩固，这是判断实践教学效果的唯一标准。因此，在实践教学的每一个环节，必须按照教学要求，紧紧围绕所学教学内容进行，用马克思主义基本原理和基本方法去认识和分析现实中的具体问题，绝不要随心所欲地泛泛而谈，这样就失去了思想政治理论课实践教学最根本的目的。

3. 必须从社会发展的实际出发，不断增强实践教学的现实性。从变化了的客观实际出发，能动地反映实践的要求，不断做出新的理论概括，是发展理论和创新理论的一般规律。我们党的每一次理论创新都是适应时代特征和社会实践的新变化、新要求而实现的。而当今时代和中国社会实践的新变化、新要求，正是毛泽东思想和中国特色社会主义理论得以孕育、产生和发展的直接源泉。发展邓小平理论、“三个代表”重要思想、科学发展观以及习近平新时代中国特色社会主义思想，就要把马克思主义基本原理与当今时代特征相结合，与一定社会的经济、政治、文化发展的实际相结合，对时代发展和一定社会关系的基本性质及其发展趋势做出新的回答，得出科学的结论，从而加强毛泽东思想和中国特色社会主义理论的时代感、感召力。这就要求思想政治理论课实践教学必须紧跟时代步伐，引导学生积极投身改革开放第一线，去体验那些最能反映理论热点、难点的社会问题，力求通过亲身实践从现实中找到答案，以解惑释疑。

4. 必须把校内实践与校外实践结合起来，以校外社会实践为主，保证实践教学的可持续性。思想政治理论课实践教学应该包括校内实践教学和社会实践教学两种形式。如果仅把思想政治理论课实践教学的内涵定位为社会实践教学，或认为开展实践教学就必须离开校园，就容易使实践教学流于形式。为解决这一难题，必须在社会实践教学之外，创造出更多有助于提高教学实效性的方式方法。学校也是一个小社会，同样蕴含着丰富的实践教学资源，如组建各种学生社团开展理论学习、研讨和宣传活动；聘请专家学者到学校举办专题报告；有条件的可以组织参观学校的校史馆和爱国主义教育基地；与校外实践教学基地合作，将各种实践教学资源等制作成展板或网站的形式在校园展览等。与社会实践教学相比，校内实践教学在时空选择的灵活性、学生参与的普遍性以及教师的指导上都有较大的优势。当然，实践教学的重点应该放在校外社会实践上，这是取之不尽、用之不竭的实践教学资源。

5. 必须从不同教学对象的实际出发，突出实践教学的针对性。从高校的教学对象的类型来看，学历层次上有专科、本科、研究生；在专业类别上有理、工、农、医、文及越来越多的综合类、交叉类、边缘类学科和专业。不同专业类别和学历层次的教学对象有着不同的理论基础、思维水平、行为习惯和心理特点，理工农医类学生理论基础较为薄弱，理论思维缺乏系统性、逻辑性，而文科学生特别是社会科学类学生的理论基础相对较强，理论思维具有一定的系统性和逻辑性。不同专业、不同层次的大学生对实践教学有着不同的需求。

要从教学对象的思想实际出发。当代大学生具有强烈的爱国热情和求知欲望。他们开拓意识强、思维活跃敏感，但理论思维能力较弱，对很多问题的认识更倾向于感性思维。特别是在目前复杂的国际、国内环境中，各种社会现象对他们产生着深刻影响。他们难免要受到各种思想和潮流的侵袭和干扰，在纷繁复杂的现实面前，会对毛泽东思想和中国特色社会主义理论产生一些模糊的认识和困惑。因此，必须充分考虑教学对象的特点和需要。老师和同学们在选择实践教学的途径和设计实践课题时一定要从自身实际出发，因人、因校、因地制宜，不能搞“一刀切”，既要有规范的统一要求，又要充分考虑学生的个性特点。

二、高职院校思想政治理论课实践教学的主要形式

校外实践教学主要是在校外开展的思政课非传统理论教学形式的教学活动，主要包括以下具体形式。

1. 参观访问。所谓“参观访问”，是指大学生在任课教师的直接带领下，去革命老区、机关、工厂、农村、部队、博物馆、展览馆、纪念馆等地方参观学习，以获取知识或信息，是一种提升思想道德素质的实践教学形式。组织大学生开展参观访问活动是高职院校进行思想政治教育的有效形式，这种形式往往难以在学校里简单地复制，它更多的是在社会的环境中进行。比起社会调查，它在时间上有明显的灵活性，大部分可以安排在周末或者节日进行，也可以安排在五天制的教学时间里。参观访问的过程就是促使学生把在思想政治理论课课堂中所学的基本理论、基本知识与当前参观访问的内容有机结合起来进行思考，并从中进一步升华理论，提升思想道德素质。因此，为了开展好参观访问活动，教师应该注意以下几个环节：第一，在整个过程中，既要尊重学生理论联系实际的主体作用，又不忽视教师的指导作用。第二，采取具体措施，引导学生朝有利于升华理论、提升思想道德素质的方向发展，包括有针对性地进行教学设计，布置相关的思考题，让学生带着问题参观；教会学生基本的参观访问技巧，启发引导学生在参观访问过程中善于发现问题、联系问题、思考问题、分析问题；参观访问之后，及时指导学生写出参观访问的感想和收获，并进行讨论交流，在讨论中设法把问题一步步引向深入，达到解决问题的目的。通过参观访问这一形式，使学生加深对课程理论的理解，并逐步形成运用马克思主义的立场观点、方法去分析和解决现实问题的能力，提升思想道德素质。

2. 社会调查。社会调查是指大学生在思想政治理论课教师的组织和指导下，利用假期时间，围绕课程实践教学目标开展调查活动，从社会现实中收集有关信息资料，形成调研成果的一种教学方式。社会调查是思想政治理论课实践教学的最基本形式。是否直接从社会现实中收集事实资料，是社会调查区别于理论研究的一个显著特点。实践教学要收到预期的效果，必须紧扣思想政治理论课各门课程的主要内容，精心设计，认真组织实施社会调查活动。第一，调查前的培训。培训内容包括调查主题的选择、调查计划的拟定、调查指标的设计、调查方式和方法的选择、调查资料的整理与分析以及调查报告的撰写等最基本的社会调查方法与技能。第二，调查过程的指导。现在很多高校一般采取集中调查与分散调查相结合的办法。集中调查即从各班抽几个人组成小分队，由教师带队到联系好的单位进行调查；分散调查即大部分学生自行进行社会调查。如何加强对大部分分散学生的社会调查活动的指导是搞好社会调查的重要环节。对那些分散的学生应该按照属地原则进行分组，

然后根据学生人数的多少再安排指导教师的人数。教师的主要职责是对学生的调查过程进行各种形式的跟踪指导，并做好原始记录。第三，调查论文的成绩评定和总结。调查结束后，学生在教师指导下对调查资料进行整理和分析，并撰写出2000字以上的调查论文；教师对学生的调查论文按照百分制评定成绩，及时做好社会调查活动的总结工作，认真评选出优秀调查论文，装订成册或者出版，作为以后理论教学和实践教学的参考资料。

3. 志愿服务。这里的志愿服务是指在思想政治教育工作者的引导下，在学生自愿选择的基础上，组织学生走向社会，开展服务社会和他人的各种公益活动。思想政治教育作为人们的一种主体活动、一种社会历史现象，其发展不是纯自然的历史过程，不是预成性的，也不是线性前进的。在其发展过程中，主体的自觉选择和历史的创造性构成重要的一环，而大学生的志愿服务活动正是这一环中的重要组成部分。“志愿”体现了大学生的主体自觉选择，“服务”则不仅能使大学生深入社会、了解社会、奉献社会，而且为大学生提供了一个能力展示、创造历史的平台。这两者的有机统一，既为大学生探索出一条“自愿（主体自觉性）—实践（服务社会、创造历史）—体验内化（政治理念和道德原则）—提升思想道德素质”的成长之路，也为新时期高职院校思想政治理论课实践教学开辟了新的途径。大学生志愿服务活动可以采取以下形式：挂职锻炼、街头宣传、扶贫助弱、教育服务、科技服务、便民服务以及文明共建、文化共建等。由于志愿服务是一个全方位、多渠道的活动，在指导教师上，可以考虑对包括思想政治理论课教师在内的所有思想政治教育工作者进行统筹安排。列宁曾经指出：“共产主义青年团必须把自己的教育训练和培养同工农的劳动结合起来，不要关在自己的学校里，不要只限于阅读共产主义书籍和小册子，只有在与工农的共同劳动中，才能成为真正的共产主义者。”因此，有意识地培养和引导大学生形成服务社会、服务他人的思想，并转化为行动，既是马克思主义理论本身的必然要求，也是增强思想政治理论课教育教学效果的路径选择。

当然，不同的高职院校由于校情不同，其思想政治理论课实践教学除了采取以上基本的形式以外，还应该有自己的特色和工作重点。目前，各高职院校正在全面实施思想政治理论课教育综合改革与创新。如何全面贯彻党的教育方针，遵循大学生成长规律和教育规律，以了解社会、服务社会为主要内容，以形式多样的活动为载体，以稳定的实践基地为依托，创建实践育人的长效机制，是一个亟待解决的重大课题，需要高校师生扎实工作、积极探索、大胆创新。从多年探索与实践来看，解决上述问题的关键环节是校外实践基地的建立，这一点除了各高职院校要积极行动、主动出击之外，还需要全社会的重视与支持，形成齐抓共管的实践教学联动机制。

第三节 高职院校思政课实践教学的地位与作用

充分认识和正确理解实践教学在思想政治理论课教育教学和大学生成长成才中的地位与作用，才能增强广大师生参与实践教学自觉性和主动性，这是高职院校开展实践教学，推进思想政治理论课教育教学方法改革，进一步增强思想政治理论课教育教学的针对性和实效性的基本前提和有效途径。那么，究竟怎样来认识实践教学的地位与作用，也就是说怎样来理解实践教学在思想政治理论课教学体系中的重要性与必要性呢？首先，从理论上讲，思政课实践教学既符合马克思主义基本原理的要求，又有充分的教育学、心理学依据，满足学生成长成才的需要；其次，从思想政治理论课教学体系本身来看，必须充分发挥实践教学的作用，才能高质量地实现思想政治理论课教学的最终目标。

一、理论依据

（一）马克思主义哲学依据

高校思想政治理论课实践教学根源于实践与认识的辩证关系。马克思主义认识论认为，实践是认识的来源，是人们思想的出发点和归宿，是检验人们认识正确与否的唯一标准。思想政治教育要引导人们形成正确的认识必须要以社会实践为教育的基本途径。“生活、实践的观点应该是认识论的首先的和基本的观点。”在马克思主义视域下，实践是人能动地改造客观世界的对象性活动，涵盖自然界和人类社会，实践的形式主要指物质生产劳动、社会关系活动以及科学实验。在历史唯物主义实践观的视野里，自然界与人类社会、人类社会与个体人、现实社会（人）与历史社会（人）之间的联系都是在实践中得以生存并发展的。实质上，这些联系都是实践的产物。实践作为关系型范畴，正包括在以上三重对象性关系之中。其中，解决自然界与人类社会关系矛盾的物质生产劳动是解决其他关系矛盾的前提与基础。人类正是在利用工具认识和改造自然的实践过程中维持自身生存与发展的，实践构成了人的存在方式。因此，实践成为人类生存的前提，实践活动不断创造人类生存与发展的根本条件。实践成为人类的立命之根、生命之本。同时，实践又受到一定价值观和世界观（方法论）的支配，总是体现为内容与形式、成果与过程的辩证统一，并在实质上以成果与内容为其主导和本质体现。历史唯物主义实践观是我们把握和理解实践的方法论原则，也是把握和理解高校思想政治理论课实践教学的认识论前提。

这一认识论前提告诉我们，应当用实践方法看待高校马克思主义理论课课程体系。从唯物史观的角度出发，思政课程内容所提炼和总结的马克思主义理论，是马克思主义在实践中对自然界和人类社会发展客观规律进行探索和研究的系统集成，是实践的结晶，也是在实践中得以检验和完善的科学体系，是马克思主义对社会实践经验进行的高度凝练和概括。在实质上，思想政治理论课的课程内容以马克思主义理论体系为直接认识对象，以马克思主义者在实践过程中所总结和反映的自然界与人类社会发展规律、社会主义发展规律和人的全面发展规律为根本认识对象。高校思想政治理论课课程体系设置的宗旨在于引导大学生通过学习和掌握马克思主义理论体系的实践成果来最终认识和把握自然界和人类社会的发展规律、社会主义发展规律和人的全面发展规律，并运用规律实现改造自然界与人类社会，从而达到促进人的全面发展和社会全面进步的目的。实践教学的根本宗旨就是引导受教育者正确认识课程教学内容与相关实践活动之间的内在统一性关系，通过剖析教育教学内容与其所体现的相关社会实践的逻辑关联，使受教育者从理论层面上加深对课程内容精神实质的理解和把握，在内心深处自觉自愿地接受马克思主义理论教育，从而可以使受教育者在思想上更为深刻地认识课程内容所反映的相关社会实践活动——物质生产活动、社会关系活动以及科学实验的实质性运动过程与结果，在更深层次上从信仰高度内化为课程内容的观念形态，并将之外化为自身的行为形态，外化为追求个体全面发展和社会全面进步的实际行动。正如习近平总书记在出席全国高校思想政治工作会议的重要讲话中所指出的那样：要教育引导学生正确认识世界和中国发展大势，从我们党探索中国特色社会主义历史发展和伟大实践中，认识和把握人类社会发展的历史必然性，认识和把握中国特色社会主义的历史必然性，不断树立为共产主义远大理想和中国特色社会主义共同理想而奋斗的信念和信心；正确认识中国特色和国际比较，全面客观认识当代中国、看待外部世界；正确认识时代责任和历史使命，用中国梦激扬青春梦，为学生点亮理想的灯、照亮前行的路，激励学生自觉把个人的理想追求融入国家和民族的事业中，勇做走在时代前列的奋进者、开拓者；正确认识远大抱负和珍惜韶华、脚踏实地，把远大抱负落实到实际行动中，让勤奋学习成为青春飞扬的动力，让增长本领成为青春搏击的能量。

习近平总书记的重要讲话为我们思想政治理论课的实践教学提出了明确的要求。

（二）教育学依据

实践教学是教育学基本原则和规律的体现与要求，知行统一是教育学的重要原则之一，高职院校思想政治理论课实践教学是“知”和“行”统一的中介；教育与生产劳动相结合是培养人的重要途径，培养德智体美劳等方面全面发展的社会主义事业的建设者和接班人，应通过教育与生产劳动相结合的基本途径；实践教学是主体发展性教育思想的要求。根据主体发展性教育思想，现代德育的根本目的在于建构学生道德主体，即培养和发展学生在道德生活方面的自主性、主动性和创造性。思想政治理论课教学的效果从根本上说取决于学生主体发展性的培养。主体性教育理论是在吸收西方文艺复兴以来的主体性教育思想的基础上，结合中国改革开放的伟大实践逐步建立的一种时代教育理论，是我们时代的教育哲学。主体性教育思想认为，教育的根本目的在于发展人的主体发展性。主体发展性即人在对象性活动中所表现出的自主性、能动性和创造性。根据主体发展性教育思想，现代教育的根本目的在于建构学生道德主体，即培养和发展学生道德生活方面的自主性、主动性和创造性。道德主体发展性是个体在与道德生活环境相互作用的过程中主动构建的。所以，我们认为思想政治理论课教学的效果从根本上说取决于学生主体发展性的培养，取决于受教育者在思想政治理论课教学活动中对各种媒介所传递的信息的反映、理解、择取、整合，并内化为自己的思想信念的程度和自觉去外化践行的欲望大小。这也正是今天全社会大力倡导"双创"的教育学依据。

（三）心理学依据

学生是思想政治理论课实践教学的主体，不同的学生往往具有不同的心理特征。为实现有效组织与实施思想政治理论课实践教学的目标，有必要以心理学为指导来分析学生的具体情况。当今，人类社会正处在一个大发展、大变革、大调整的时代，世界多极化、经济全球化、社会信息化、文化多样化已深入发展。尤其是在中国崛起的历史进程中，国际力量对比正在发生着深刻变化，使国际形势更加变幻莫测。同时，我国正处于全面深化改革的攻坚阶段，正经历深刻的以政治、经济体制改革和文化、价值重构为基本内容的社会转型，各种利益彼此冲突，多元思想文化相互激荡，社会运行机制不断调整。而且，这次社会转型是以人类历史上空前的速度和规模进行的。我国正处在改革开放的伟大时代，经济、政治、文化、教育和科技体制的深层次全面改革，有力地推动着生产力的发展。对外开放打开了人们横向比较的视野，在吸收国外有益的精神成果的同时，也面临着各种社会思潮以及西方生活方式的挑战，信息传播的现代化缩短了学校与社会之间的距离。这一切都加速了大学生的社会化过程，使他们的社会特性更加明显，使他们的社会意识、价值观念、群体特征、心理状态和行为方式更带有"90后""00后"一代的特色。

大学生活的开始是很多大学生远离父母开始独自生活的第一步，在大学中的生活也一步步让大学生的自我概念逐步增强，对自身的认识及对周围事物关系的各种体验也在与同学、老师的交往中逐步建立，这种自我概念的增强使一个人能反省自身，有明确的自我存在感，从而以一个独立的个体来看待周围的世界。大学校园这种特殊的环境又是十分强调独立、注重自我确立的地方，许多大学生在较大的程度上按照自己的方式安排自己的生活，有一种宽松自由的氛围；同时，由于大学生所处的独特的社会层次及具有较高的文化素质，但由于生活阅历有限，与社会有一定的距离，社会实践能力不强，使他们在谈论、评价、思考社会问题时，往往带有幻想的色彩，不能十分切合实际。他们对事物的认识，表现出一定的片面性和幼稚性，还不能深刻、准确、全面地认识问题。这种不足与他们极强的自我概念不相协调，这种不协调可能会一直困扰着他们。

大学生多数处于青年中期（18 至 24 岁）这一年龄阶段。在这个阶段，个体的生理发展已接近完成，但其心理尚未成熟。对大学生而言，所面临的一个重要任务就是促使心理日益成熟，社会成熟是心理成熟的先决条件。而社会化程度的提高取决于个体的社会实践活动。但是大学生在校学习时间长，与社会生活有着一定程度的隔离。大学生身在校园，对社会生活并没有直接的、深刻的了解，而现今的大学社会实践活动还是停留在比较表面和肤浅的阶段。

伴随着如今社会的高速发展，人们生活节奏的加快和生活方式的转变，人际关系也变得越来越复杂，这些都给人们的心理增加了压力，给人们的身心健康带来了巨大的影响。大学生这个群体亦不例外。加之大学生正处在心理变化激烈、动荡的时期，他们思维活跃，社会认识敏锐但肤浅，情感丰富而不稳定，心理矛盾、心理冲突时常发生，情感与情绪、学业与就业等问题深刻地困扰着他们的内心世界。伴随着社会上人才竞争的加剧，就业难度加大，工作流动性和岗位选择性加强，不同职业与岗位之间的利益差距显著拉大，社会不公平现象增多等，使得大学生本来就比较脆弱的心理防线受到了空前的冲击与挑战。由此也就导致了大学生心理不适、心理障碍甚至心理疾病的频繁发生。若对这些问题处理不当，都可能对大学生的身心健康造成负面的影响，制约大学生的成长，影响高校整体教育功能的发挥。

而作为“90 后”“00 后”的大学生，普遍具有独特的个性化倾向，拥有更加开阔的视野，对新事物有更强的接受能力，个体间的差异也更大，故而心理也呈现出多元化的趋势。在这个趋势下，“90 后”“00 后”的大学生对外部的事物大多是包容的态度，对新生事物有着极强的新鲜感，同时“90 后”“00 后”的大学生又是矛盾的，存在着强烈的独立意识，不希望被人打扰，但大多数作为“90 后”“00 后”的独生子女，在生活上对父母的依赖很大，进入大学之后，与他人的分享及合作能力相对较差，自我意识较强，不太考虑别人的感受。同时，“90 后”“00 后”又有着脆弱的心理承受能力和叛逆的性格。

考虑到以上诸多因素，面对当代大学生可能出现的问题，首先，大学生应该正确认识自我，培养悦纳自我的态度，扬长避短，不断完善自己。其次，应该提高对挫折的承受能力，对挫折应有正确的认识，在挫折面前不惊慌失措，采取理智的应对方法，化消极因素为积极因素。在日常生活中培养良好的人格品质，并且建立科学的生活方式，必须科学地安排好每天的学习、锻炼、休息，使生活有规律。在学习过程中应学会自我心理调适，控制自己的不良情绪，做到心理健康，同时参加各种丰富多彩的业余活动，这样不仅丰富了大学的生活，而且为大学生的健康发展提供了课堂以外的机会。大学生可通过参加各种业余活动来培养自己的多种兴趣和业余爱好，充分发挥自己的潜能，以缓解紧张情绪，维护身心健康。而结合思想政治理论课的课堂教学组织集中配套的实践教学活动是其中最为有效的手段之一。“纸上得来终觉浅，绝知此事要躬行”，当代大学生，无论是来自大城市，还是来自偏远的农村，他们都缺乏对社会的了解。因此，要引导他们积极投入社会实践。通过社会实践，培养大学生参与社会的意识，增强其适应社会的能力。只有让他们多了解国情，多了解社会，才能使他们对党的基本路线、对人民群众有深入的了解，同时，在社会实践中看清自己的位置，改变自己的思维方式，认识到自身素质与社会要求的差距。最后，还要根据大学生特殊的思想实际和他们在不同时期的兴趣热点，引导他们开展自我教育活动，培养其良好的行为习惯和自律能力。

思政课教学包括理论教学和实践教学两部分，其中实践教学以激励学生主动参与和主动思考为特征，引导学生有目的地参加课内与课外、校内与校外的各种实践活动，在实践中深化对理论知识的理解，不断提高思想觉悟和认知能力、磨炼意志，使其主观世界得到感性的再教育和主体能力得以优化，这对于培养学生的积极品质具有重要的意义。

一是优化思政课实践教学环境，增强学生积极的情感体验。

从大学生成长过程来看，他们的心理正在不断成长但未完全成熟，处在一个较为关键的过渡期。在心理上会表现出一系列的矛盾、冲突和困惑，看问题容易主观情绪化、耐挫能力较弱、自我意识不客观等。之所以出现这些问题，与他们缺乏社会实践，生活经验不足，对客观现实认识不深刻有很大关系。如果在接受教育的过程中，学校和老师能创造较多的社会实践机会，让他们在各种实践教育教学活动中调节心理和增长见识，就有助于他们树立积极健康向上的心态，形成良好的心理素质。而思政课实践教学恰恰注重知识的传递与能力的培养，是一个个生命碰撞与心灵交流的过程，更是一种心理体验的过程。积极的情感体验对个体的知、情、意、行等各方面的发展都起到很好的促进作用。近些年的大学生基本上都是“90后”“00后”，他们的成长环境相对宽松和灵活，并且注重自我的感受和体验。这就需要在大学生思政课教学中注重激发和增强学生的积极情感体验来提高思政课的感染力与实效性。思政课实践教学正是注重了这一点才获得学生的认可和积极参与。因此，在思政课实践教学中需要注重开放互动式教学环境的创造，结合思政课课程特点和学生的实际发展状况，把学习的主动权交给学生，针对性地组织主题辩论、课堂发言、时事讨论、小品表演等实践教学形式，营造一种平等、宽松、民主、互动的教学氛围，让学生充分地展现自我风采，得到老师、同学的认可与赞许，从而体会成功，树立自信，积累积极的情感体验和主观幸福感，帮助他们树立积极的人格与形成良好的品质。思政课实践教学除了课内实践教学，还包括课外实践教学和校外实践教学，这就需要学校发挥合力，通过各种校园文化活动、社团活动、社会调查和参观考察等形式，把课堂延伸到各个方面，让学生在社会实践中体会不同角色的责任意识、增强应对挑战的能力和战胜困难的决心等方面，获得充分的心理享受的积极体验，促进其适应性、主动性和创造性的提升，最终使思政课实践教学的实效性得以有效实现。总之，积极心理学为高校思政课实践教学提供了有益的启示，我们要真正通过积极心理学的指导来开展思政课实践教学，培养学生的积极人格，挖掘学生的积极力量和品质，真正发挥思政课的主渠道和主阵地的作用，并使其成为学生喜爱与受益的课程。

二是激发大学生参与实践教学活动的积极性。

任何形式的教学都存在两个主要的因素：教师和学生。两者的积极情感能否体现，将是整个实践教学活动是否有积极意义的关键。思政课教师作为实践教学活动的组织者，不仅要做好实践教学活动的计划和提出要求，更要以积极的态度和积极的情感创设课堂内外实践教学的心理环境，从而引导和激发学生参与实践教学活动的积极性，加深对教学理论内容的实际感知。思想政治理论课实践教学本身具有政治导向性、教育体验性和活动社会性等特点，教师需要结合这些特点以及学生的情感特点，通过有益的和形式多样的实践教学活动来促进大学生科学“三观”的形成。首先，教师要将积极心理学的理念引入对自身的认识中，关注自己的积极面，挖掘自身的优势和美德，提高自我效能感，并用心体验主观幸福感、生活满意感、事业快乐感，拥有自信乐观、求知激情和参与热情，从而让自己的高尚情感、顽强意志、良好的性格去影响和熏陶学生。其次，教师要针对社会上出现的问题和学生个体的具体的问题，在实践教学活动中，结合具体情境对学生进行积极的回应和引导，做出积极的解释，并使学生个体从中获得积极的意义。在实践教学活动中展现教师自身的爱心、责任心、耐心和宽容心，给学生创设一个积极、愉快的氛围，并发挥出教学的积极情感来，直抵学生心灵深处，引发学生的情感认同。最后，是在实践教学活动中，要敢于面对学生提出的各类问题，对那些经过思考而提出有一定深刻性问题的学生给予表扬和鼓励；对于学生关心的社会热点和有争议的问题，要引导学生理性地看待，并旗帜鲜明地表明合理的观点和意见，同时运用哲学的基本观点引导学生辩证地分析问题和选择结果，从而不断地在活动中丰富学生的思想，拓宽视野，提高其分析和解决问题的能力，坚定政治立场和理想信念。

三是激发大学生对思政课实践教学的认同感。

积极心理学认为，主观满意感、乐观、自我决定性等积极人格可以通过积极体验来不断形成和积累。积极体验主要是指个体满意地回忆过去，幸福和从容不迫地感受现在并对未来充满希望的一种心理状态。这种心理状态具有强烈的驱动力、凝聚力，与人的需要是否得到有效满足有很大关系。因为“没有‘人的感情’，就从来没有也不可能有人对真理的追求”。思想政治理论课实践教学是一种寓教于“行”的教学过程和多种教学方法综合应用的过程，以激励学生主动参与、主动思考、主动探索为基本特征，以促进学生整体素质全面发展为目的，其形式可分为校内实践和社会实践两大类，校内实践是指组织学生在课堂内开展演讲、辩论、讨论、案例分析、情景模拟等活动，还包括学生开展的社团活动、校园文化建设、校园文明建设等活动。校外实践则包括社会调查、生产劳动、志愿服务、公益活动、科技发明和勤工助学等社会实践活动。根据不同年级学生的身心成长和学习特点设计不同的主题，以系列活动为依托，以人的认知和情感规律为理论依据，将“主动寻找和发现—深刻体会和感受—积极实践和奉献”作为贯穿实践活动的线索，强化思政课实践教育的感染力和影响力。对于刚入学的新生来讲，如何主动地适应大学生活是他们面临的首要问题。以学生需求为本，注重他们内心存在的积极力量并加以培育则是思想政治理论课实践教学的有效切入点。对于已经适应了大学生活的学生，他们的发展重心就逐渐转变为人际关系的处理、学习目标的确立和学习能力的培养，其需求会体现在如何提高辩证思维能力、如何获得别人的认可与欣赏、如何提升专业实践与研究能力、如何顺利实现就业等方面。思想政治理论课的实践教学就要以学生的这些需要为切入点，全面深刻地开展并提供指导。思想政治理论课教师可以与学校团委、学校各种社团合作开展多种形式的实践教育活动，如多种形式的主题班会、文明班级的评比、专题教育讲座、参观调研活动、学生骨干培养等，让学生在活动参与的过程中感受到沟通的重要性，积极思考如何处理好各种人际关系，以帮助他们建立融洽的人际关系。同时，可以通过各种形式和层次的技能比赛活动，让学生体会到专业技能的重要性，同时，其自身的素质和才能也能得到别人的认可，自我实现的需要得到较好的满足，而且提高了学生的学习兴趣和对将来职业的向往，这为他们将来能够顺利踏入社会和走向工作岗位奠定了基础。对于即将毕业的学生，思想政治理论课实践教学可以开展以“就业与职业”为主题的教育活动。如在学生中开展职业生涯规划书的撰写、就业专题教育讲座、面试模拟场景设计、职业道德修养与礼仪的培养活动，让学生提高将来在走向社会工作的过程中所需要的素质和品质，从而有助于学生树立正确的人生观、择业观和良好的职业道德。

二、课程依据

高校思想政治理论课是一门性质特殊的课程，不仅要传授给学生系统的马克思主义基本理论和社会、政治、历史、法律等学科的基础知识，而且要培养学生的优良品质、敬业精神、守法意识、创新思维和实践能力，是一门政治性、科学性、时代性很强的学科。这样一门具有多重使命的课程仅靠课堂理论教学很难实现其教学目的，而实践教学“对于增强学生的创新精神和实践能力，对于丰富学生的精神生活、扩展学生的知识视野和促进他们的全面发展具有不可替代的独特价值”“高校思想政治理论课教学要发挥对大学生进行思想教育的主渠道和主阵地作用，必须首先冲破传统理论教学模式，加强实践教学环节，从单纯的知识教育转向育人教育，从单纯的课堂教学转向知行统一的开放性教学”。

（一）由思想政治理论课教育的目的所决定

专业课以传授知识和技能为主，而思想政治理论课旨在帮助大学生树立正确的世界观、人生观、价值观，提高大学生的思想道德素质是社会主义高校完成“立德树人"这一首要任务的主阵地和主渠道。要完成这一光荣而又艰巨的任务仅靠课堂教学是远远不够的,所以,必须大力拓展和开发社会实践这个大课堂,把理论讲授与丰富多彩的社会实践联系起来,赋予其鲜活的生命力。高职院校思想政治理论课的教学目的不是让学生简单地背诵现成的结论和原理,归根到底,它是马克思主义世界观和方法论的教育。世界观与方法论是统一的,学生是否真正接受和形成马克思主义的世界观,最终要通过他们处理实际问题的行动表现出来。因此,世界观的教育说到底就是要将马克思主义的世界观转化成一种科学的思维方法,并用这种思维方法去解决现实问题,离开了这种思维方法的训练,马克思主义世界观的教育很可能就会变成经院式的教条。实践教学提供的真实情境恰恰有助于学生独立思维能力的训练,使马克思主义的理论成为指导他们研究现实、解决问题的行动指南。

(二)由思想政治理论课理论本身的性质所决定

思想政治理论课向学生灌输的马克思主义理论有一个最为鲜明的特征就是它的实践性。毛泽东思想和中国特色社会主义理论体系本身就是马克思主义的基本原理与当代中国实际相结合的产物。离开这个结合就不可能产生毛泽东思想和中国特色社会主义理论体系。同时,马克思主义理论来源于实践,它在实践中产生,也在实践中不断丰富和发展。理论和实践相统一是它的内在要求和生命力所在。离开了无产阶级革命伟大斗争的实践,离开了科学理论家探索客观世界内在规律的科学实践,马克思主义理论就不可能形成。以毛泽东、邓小平等为代表的中国共产党人都先后对马克思主义理论进行了伟大的理论创新,并逐步形成了毛泽东思想和中国特色社会主义理论体系等马克思主义中国化的理论成果,显示了马克思主义与时俱进的理论品格和根本性质。改革开放的新形势为马克思主义基本理论的发展创造了更好的条件。用马克思主义基本理论诠释新问题,就要靠新条件下的新实践来完成。就学校教学而言,就是要通过学生、教师及社会各方面的实践来印证、理解、发展基本理论,使理论和实际结合起来,随着时代的进步,不断完善,使学生在广阔的实践天地里认识、理解马克思主义基本理论,更加坚信马克思主义。

(三)由思想政治理论课教学对象的特点所决定

大学生是一个极易变化的群体,他们各个方面都不够成熟,容易受到各种思潮的影响。由此导致学生面对市场经济条件下涌入的国外思潮以及各种社会问题容易产生疑惑,思想上极易陷入混乱。如果思想政治理论课教学囿于传统的课堂讲授,不能面对社会现实而展开,不能圆满地解释社会变革时期出现的种种社会现象,不能科学地阐明和分析各种社会思潮,课堂教学活动就会失去对学生的吸引力,课堂上所讲的理论也难以被学生理解和接受。因此,思想政治理论课实践教学活动可以通过让学生深入接触社会,耳闻目睹21世纪以来我们祖国的巨大变化,去亲身感受中国特色社会主义理论与现实结合所展现出来的巨大魅力,加深对理论教学知识的理解和对社会的真切认识，巩固理论教学的成果，引导学生正确把握自己所处的时代，调整自己的心智结构，将理论内容逐步内化为自己的内心需要和行为动机，提高马克思主义理论修养水平和思想道德水平，从而使马克思主义理论真正成为大学生的思想武器。思想政治理论课既是理论课，又是政治思想课，它是理论性和政治性、科学性和思想性的统一。学习和把握这一理论知识体系需要经历一个复杂的过程。按照马克思主义认识论的基本观点，人的认识是主体在实践基础上对客体的能动反映。认识来源于实践，实践是对认识的检验、丰富和发展。科学认识的形成路径是"实践—认识—再实践—再认识"，其中，科学的抽象过程是从感性的具体上升到理性的规定，再从理性的规定回到思维的具体。人在实践中获得认识，通过实践检验和发展认识，而获得的认识又指导实践，最终达到更好地实践的目的。

传统的课堂理论讲授是向大学生灌输已经成为定论的科学认识成果——理论知识，完成了从"理性的规定"到"思维的具体"的教学任务。如果教学活动仅限于此，大学生无法从感性的具体上升到抽象的规定，更不能实现从思维的具体到实践这一能动的飞跃过程，其认识也仅仅停留在对理论知识的肤浅理解层面。这极易导致学生形成理想化、绝对化、片面化的思维方式，忽视事物的个性、相对性、复杂性，更多地注意事物的共性、绝对性和纯粹性，集中表现在对社会现象和社会问题的认识上比较幼稚，认知能力、判断能力、转化能力不足，极易产生片面认识、极端的观点，甚至是错误的判断。实践对认识具有决定作用，思想政治理论课教学的内容是否具有真理性、现实性、指导性，只有经过实践的检验，才能让学生真正理解和把握。在实践过程中，大学生带着课堂学习时产生的问题走向社会，又带着在实践中得到的认识回到课堂，用理论指导实践，实践进一步丰富理论，促使学生真正懂得运用马克思主义的立场、观点、方法认识问题、分析问题、解决问题，在实践过程中理解马克思主义理论的精髓，从而真正掌握马克思主义理论。学习和掌握马克思主义理论贵在学以致用。思想政治理论课教学不能把马克思主义变成教条，要通过实践教学活动，坚持用发展着的马克思主义来武装大学生。要贴近大学生的思想与情感，变消极的东西为积极的东西，使思想政治理论课实践教学活动充满生机和活力。

在实践教学活动中，要把握大学生的新情况、新特点以及学生个性差异等问题，从促进学生的全面健康成才角度，建立内容更加丰富、形式更加多样的实践教学体系。要让学生学以致用，通过思想政治理论课实践教学活动能够做到认识新情况，解决新问题，做出新判断。思想政治理论课实践教学可以深入大学生的实际生活中，以学生的世界观、人生观、价值观发展为中心，设立实践主题，开展实践活动，引导学生根据所学的社会主义核心价值体系内容，自觉地做出符合马克思主义原则的理想信念选择、道德判断和道德选择，促使学生在价值取向上改变被动地接受"应当怎样做、必须怎样做"，转向"我想怎样做、我应该怎样做"，真正实现学生的自觉和自律。通过社会实践引导学生运用所学的马克思主义理论知识指导认识过程，运用所掌握的马克思主义立场、观点、方法，正确认识改革开放过程中产生的新问题、新矛盾，在解决模糊认识的过程中解开学生的思想困惑，提高学生的综合素质与能力。通过社会实践，使大学生切实体会到政治理论课学习有助于他们正确认识社会，有助于他们勇敢面对生活中的挫折，有助于他们的成长。

（四）由思想政治理论课课程的特点所决定

思想政治理论课教学的突出特点是与时俱进，要求这一系列课程的实施必须针对变化了的世情、国情、校情以及学情进行不断的改革。目前，国际、国内新的形势对高职院校思想政治理论课教学提出了新的任务和要求。一方面，经济全球化水平不断提高，网络覆盖面日益广阔，中西文化相互激荡，冲突与融合日益深入，西方敌对势力对我国实施西化、分化的政治图谋从未间断；另一方面，随着我国改革开放事业的不断深入，我国进入了全面建设社会主义现代化国家的伟大历史时期，改革进入攻坚阶段，社会经济成分、利益关系和分配方式日益多样化，以及意识形态领域的多元化，使得思想政治教育面临越来越复杂的局面。在新环境下成长起来的大学生，有着自身的时代特色。他们追求真理，但不满足于传统的单向的理论灌输；他们关心政治，但不满足于枯燥的政治说教。大学生希望在多种思潮、多种理论的比较中分析、鉴别、认识真理，在广阔的知识背景下和对国内外发生的重大事件的剖析中接受真理。在这种背景下，思想政治理论课教学应针对广大青年学生的实际需求，引导大学生正确认识当今世界错综复杂的形势和社会主义建设的客观规律，增强在中国共产党领导下加快推进全面建设社会主义现代化国家的自觉性和坚定性。深入实际，了解世情、国情、民情，增强学生的社会责任感和历史使命感，已成为迫切需要解决的课题。为此，在思想政治理论课教学活动中，需要积极开展实践教学，在理论与实践的结合中培养和提高学生分析问题和解决问题的能力，全面提高学生的综合素质，使得青年学生在多元文化的交融中明辨是非，把握方向，树立正确的世界观、人生观、价值观，为实现中华民族伟大复兴的中国梦打下坚实的基础。

第二章

高职院校思政课理论教学的目标、内容与方法

第一节　高职院校思政课理论教学的目标

一、高职院校思政课理论教学目标的概述

（一）教学目标的一般内涵

何谓教学目标？要把握“教学目标”的概念，需要先理解“目标”一词的含义。在汉语中，“目标”一词有多种含义，其中常用的含义主要有两层，其一是指射击、攻击、寻找或嘲笑等动作、活动的对象，这些动作所指向的对象就是目标；其二是指对活动结果所预先设想或拟定的要求、标准。一个人为寻求某种性质的结果而进行某种活动，就这种结果要达到怎样的标准、要求所做的规定或设想，即为活动的目标。教学是人的一种活动，教学活动中的“目标”适合于其中的第二层含义，因此，教学目标即指关于教学活动的预期结果所要达到的标准、要求所做的规定或设想。教学活动所欲达到的预期结果，是学生的身心发展或者说是有规律、有秩序的身心变化，因此，教学目标就是对教学活动所要促成的身心变化上要达到怎样的标准、要求所做的规定或设想，简言之，教学目标即通过教学活动所欲促成的预期的身心变化；例如，通过一定的教学活动，要求学生掌握多少语言知识、掌握多少读写技能、掌握多少数学计算技能、掌握多少物理实验操作技能、掌握多少运动技能等，这些预先规定都是教学目标。

由于教学活动可以从多个层面来看，因此教学活动的目标即教学目标有多个层次。一般来说，教学活动可以从课程、单元、课时等层次来看，因此教学目标包括课

程目标、单元目标、课时目标等层次。课程目标是指某门课程在教学上总体所要达到的结果，即一门课程的教学活动所要达到的结果，亦即一门课程的教学活动从总体上所要促成的学生的身心变化；单元目标是对一门课程中各个组成部分的具体要求，即一门课程中的某个单元的教学活动所要达到的结果，亦即这个单元的教学活动所要促成的学生的身心变化；课时目标是对每个课时的具体要求，即一个课时的教学活动所要达到的结果，亦即一个课时的教学活动所要促成的学生的身心变化。

与教学目标密切相关的概念有教育目标、教育目的、培养目标等。教育目标是一个关于教育活动之预期结果的总的概念，是指一定的教育活动所要促成的预期的身心变化。教育目的是指教育活动的总目标，是教育目标的最高层次，它是指社会对教育所培养的人的质量规格的总的设想或规定。例如，中国现阶段高等教育的目的是培养大学生在品德、智力、体质等方面全面发展，使他们成为有理想、有道德、有文化、有纪律的中国特色社会主义建设人才。培养目标是根据教育目的和各级各类学校或各专业的具体任务，制定的各级各类学校或各专业在培养人上的具体要求。

那么，教学目标与教育目标、教育目的、培养目标等概念是什么关系呢？教育目标是这些概念中一个总的概念，教学目标、教育目的和培养目标等概念都属于它所包含的范围，属于这个总概念中的不同层次。教育目的是教育目标中的最高层次，它对培养目标和教学目标起着统帅、支配、制约的作用，它是制定培养目标和教学目标的依据之一，也就是说，制定培养目标和教学目标有多个依据，其中之一就是教育目的。培养目标是教育目标的中间层次，它一方面受教育目的的制约、支配，以教育目的为依据之一；另一方面又对教学目标起着制约、支配作用，是制定教学目标的依据之一。教学目标是其中的最低层次，它受教育目的、培养目标的支配、制约，它的制定要以教育目的、培养目标为依据。

也就是说，教育目标包括教育目的、培养目标和教学目标三个层次，其中最高的层次为教育目的，其次的层次为培养目标，最低的层次为教学目标。

（二）高职院校思政课理论教学目标的内涵

高职院校思想政治理论课的教学目标是帮助学生从整体上把握马克思主义，正确认识人类社会发展的基本规律；帮助学生系统掌握毛泽东思想和中国特色社会主义理论体系，坚定在党的领导下走中国特色社会主义道路的理想信念；帮助学生了解国史、国情，深刻领会历史和人民是怎样选择马克思主义、中国共产党和社会主义道路的；帮助学生增强社会主义法治观念，提高思想道德素质，解决成长成才过程中遇到的实际问题。

1. 结合教学目标的两种理解方式来把握思想政治理论课的教学目标。

第一，思想政治理论课教学目标以学生为落脚点。正如泰勒所指出的，我们在教学目标的理解和表达上，更多地“把目标作为教师要做的事情来陈述，却没有陈述期望学生发生什么变化”。因此，我们既要从教师“做什么”的角度来把握思想政治理论课教学目标，也要从教学活动之后“学生怎么样”的角度来领悟思想政治理论课教学目标。从这个意义上看，思想政治理论课教学目标指向教学过程之后在学生身心方面所体现出的实际效果，即学生在接受思想政治理论课教学和马克思主义理论教育与社会主义核心价值观教育之后，在认知、情感、态度、思维方式和生活方式等方面的一系列变化，这种变化表现为学生对精神世界——认知、情感、态度、思维方式、生活方式的深化、扩展和提升，体现为对人类社会、中国社会和人的生活方式的“认知图式”产生积极变化；对马克思主义理论和中国特色社会主义事业产生积极的情感共鸣；将马克思主义的立场、观点、方法以及社会主义核心价值观内化为生活信仰和生活方式，人生境界得到提升；等等。总之，要从外在建构的角度把握思想政治理论课教学目标的指向和依据，也要从学生主体精神世界的内在生成的角度来理解思想政治理论课教学目标的落脚点。

第二，思想政治理论课教学目标具有建构性。思想政治理论课的教学目标，首先是国家教育领导部门和主管部门根据我国教育总目的和高校思想政治教育的根本任务而提出的具有主导性和统一性的课程教学任务和结果预期。这是一种指向性的建构，反映了建构者关于思想政治理论课教学必须“做什么”和达到何种要求的基本规定。比如，使“学生从整体上把握马克思主义，正确认识人类社会发展的基本规律”“系统掌握毛泽东思想和中国特色社会主义理论体系基本原理，坚定在党的领导下走中国特色社会主义道路的理想信念”“深刻领会历史和人民是怎样选择了马克思主义，选择了中国共产党，选择了社会主义道路”“增强社会主义法治观念，提高思想道德素质”等，这既是对思想政治理论课教学任务和基本内容的表述，也是关于教学目标的基本规定。教学目标的建构性还体现在，教育领导部门和管理部门所提出的教学目标，只有通过教师和学生的理解和认同，转化为师生教学活动的统帅，转化为具体的课程目标、单元目标和课时目标，才有可能真正实现。而这个理解、认同和转化的过程，也是一个再建构的过程。在实际的教学活动中，教师和学生对教学目标的理解、认同和转化，具有更为现实的意义。

第三，思想政治理论课教学目标建构的依据具有客观性。教学目标是一种主观建构，但主观建构有其客观的依据。其根本的依据是中国特色社会主义事业对于大学生精神世界的客观要求，以及我国教育目的和高校大学生思想政治教育的基本要求。习近平总书记在全国高校思想政治工作会议上强调：“要坚持不懈传播马克思主义科学理论，抓好马克思主义理论教育，为学生一生成长奠定科学的思想基础。要坚持不懈培育和弘扬社会主义核心价值观，引导广大师生做社会主义核心价值观的坚定信仰者、积极传播者、模范践行者。”高职院校大学生思想政治教育的基本任务就是使学生掌握马克思主义理论和中国特色社会主义理论体系，增强中国特色社会主义的“四个自信”，提高学生的思想水平、政治觉悟和道德品质，为把学生培养成为德、智、体、美、劳全面发展的社会主义事业建设者和接班人服务。我国教育法对教育目的、高校思想政治工作根本任务的规定，是思想政治理论课教学目标建构的客观依据。

2. 结合上位概念和下位概念来理解思想政治理论课的教学目标。如前所述，教学目标这个概念的上位概念是教育目的和培养目标，其下位概念有课程目标、单元目标和课时目标等。这个序列中的概念都是一种建构性的结果预期，但上位概念更多地指向一种教育教学意图，下位概念则更多地指向具体化的操作规格。对于思想政治理论课教学目标，也应该从这样的概念序列及其指向上来理解和把握。

在日常教学工作中，我们通常在两个意义上指称思想政治理论课的教学目标：一是指称高校思想政治理论课教学整体性的目标任务；二是指称某一门具体的思想政治理论课科目和课程的目标任务。无论在哪个意义上指称，都必须贯通两个理解路向：一个路向是从我国教育目的和学校培养目标等上位概念来理解思想政治理论课的教学目标，以增强对思想政治理论课教学目标的国家意志或意图的自觉，从而坚定教学的正确方向；另一个路向是从课程标准、课程目标、单元目标和课时目标等并列和下位概念的角度，来把握思想政治理论课的教学目标，从而使思想政治理论课的教学目标逐层具体化到每一个单元和每一堂课之中，以增强教学的实效性。

（三）高职院校思政课理论教学目标的价值取向

无论是教育领导部门和管理部门教学目标的提出，还是教师对教学目标的再建构，都蕴含着一定的价值取向。教学目标的价值取向，实际上表达了人们对思想政治理论课教学价值预设和价值追求的一种倾向。在教学思想史上，长期存在着教学目标的知识本位论、社会本位论和个体本位论等价值取向的争辩。思想政治理论课教学目标价值取向的不同倾向，是这些观点在思想政治理论课教学领域的反映。

从理论上讲，人们对思想政治理论课教学目标的价值预设主要有三个变量，即价值主体、价值内容和价值大小。三个变量的组合，成为人们价值预设的基本模式。在教学实际中，教师和学生对思想政治理论课教学目标的再建构主要呈现出以下四种价值取向。

第一种价值取向认为，思想政治理论课教学对社会和大学生个体都具有重要的价值。对学生个体而言，思想政治理论课教学可以增进学生的理论和知识，促进学生形成对历史、社会、人生的科学认识和深刻理解，帮助学生树立正确的世界观、人生观和价值观，提升学生精神世界的品质，促进学生的政治社会化等；对社会而言，思想政治理论课教学可以通过促进学生的政治社会化，来培养有理想、有道德的年轻一代，对于党和国家的意识形态工作和中国特色社会主义事业具有重大意义。这是当前主流的积极的价值取向。

第二种价值取向认为，思想政治理论课教学体现的是国家意志，具有重要的社会价值，即教学具有重要的政治功能和文化功能，尤其是意识形态功能，对于学生个体而言，则价值不大或没有价值。

第三种价值取向认为，思想政治理论课教学应该主要突出教学的个体价值，尤其是日常生活价值，回避政治性强和意识形态性强的知识与问题。

第四种价值取向认为，思想政治理论课教学没有多大的社会价值，也没有多大的个体价值，其可有可无。

我们应该看到，第二、三、四种价值取向割裂、误读、忽视了思想政治理论课教学的社会价值与个体价值，在理论上是片面的，甚至是错误的，在实践上必然导致思想政治理论课的本质丧失。

（四）高职院校思政课理论教学目标的特征

思想政治理论课教学目标是思想政治理论课教学的出发点和落脚点，教学过程就是制定教学目标、实现教学目标、评估教学目标的过程，是以教学目标的达成为中轴的活动过程。与其他课程的教学目标相比较，思想政治理论课教学目标具有长时效性、整体性、思想导向性、动态生成性等特征。

1. 长时效性。长时效性是思想政治理论课教学目标的规律性特点。教学目标作为在学生身上产生的效果，有些是显性的、可观察和可测量的，有些则是隐性的、难以观察和难以测量的，甚至有些效果的产生需要比较长的时间。比如，学生识记和理解一个概念，这个教学目标比较容易达成，也比较容易观察和测量。而学生改变一种认知模式或形成一种生活态度，这样的教学目标则需要较长的时间才能体现出来。一般来说，具体知识方面的教学目标，比如对事实的记忆，对概念、判断、命题的理解，对理论观点的把握等，比较容易实现，也比较容易观察和测量，而理想信念和价值观等的形成和完善则非一朝一夕。思想政治理论课教学目标的长时效性，是由人的精神世界变化发展的规律性所决定的。具体知识和操作方法等的掌握与学习的机理不同，人的精神世界的生成和升华具有相对复杂的机理，长时效性是其中主要的规律之一。长时效性包括形成的时间长、起作用的时间长等。例如，学生在课堂上学习某一个理论或原理时，起初往往不能真正理解它的生活实践意义，需要经过生活的历练、阅历的积累以及一定社会生活背景的作用，才能真正透彻地领悟，并内化为一种信念。这是思想政治理论课教学目标达成度评价和教学效果评价的难点之一。

2. 整体性。整体性是思想政治理论课教学目标的内在特点。如果说理想信念和价值观的变化是思想政治理论课教学目标的核心和根本，那么围绕着这个核心和根本目标的，是一个整体性的目标体系。一方面，与核心目标相关联的还有思维方式、生活态度、人生境界等目标；另一方面，核心目标和其他目标的实现都必须依托基本概念、核心命题、基本原理等的掌握，以及一定的认知方式、情感、意志品质的形成。这些便构成了思想政治理论课教学的基本目标。当然，所谓核心目标和基本目标的区分，更多的是为了分析问题的需要，其实它们是不可分割的整体，是从内核延展开来的圆圈。圆圈的中心是世界观和理想信念等深层的东西，圆圈的外围是内核本身的延展。核心目标的实现离不开基本目标，基本目标必须围绕核心目标进行，核心目标和基本目标构成了思想政治理论课教学目标的整体。

3. 思想导向性。思想导向性是思想政治理论课教学目标的根本特点。思想政治理论课教学目标指向大学生精神世界的面貌和品质的积极变化,其核心是正确而坚定的理想信念和价值观的树立。这是由思想政治理论课的课程属性所决定的。这个特点使思想政治理论课教学不仅同自然科学和工程技术类课程的教学相区别,也使它同其他人文社会科学课程的教学相区别。

4. 动态生成性。动态生成性是思想政治理论课教学目标的过程性特点。教学目标既是预设的也是生成的,是预设性与生成性的统一。因为教学目标是在每个单元和每节课的教学过程中实现的,而动态的教学过程总是具体而鲜活的,生成着许多事先没有预设的教学目标。从另一角度来看,社会所预设和建构的教学目标转化为最终在学生身上的实际效果,必须以教师和学生对教学目标的理解为前提,以教师对课时目标的设计为中介,而这个理解和设计过程是无限的,因而教学目标也是不断生成的。在这个意义上,教学目标的实现过程是从制定目标、实施目标、评估目标,到再制定、再实施、再评估的反复过程。

(五)高职院校思政课理论教学目标的功能

教学目标是以教学目的为基础而引申出来的,是教学目的的阶段化和具体化。按照系统论关于不同结构可以具有相同功能的观点,在对高职院校思想政治理论课教学目标的研究中应着眼于教学目标的功能研究。高职院校思想政治理论课教学目标必须具备四个主要功能。

1. 评价功能。高职院校思想政治理论课教学目标既是学生学习应该达到的程度,也是考查学生学习成效的一种尺度,具有一定的评价功能。其教学目标,应该作为高校思想政治理论课教学质量测评体系、监控体系的客观依据之一。

2. 强化功能。高职院校思想政治理论课有了明确的教学目标,就能激发学生对新的学习任务的期望,激发学生达到学习目标的欲望,从而调动学生学习的积极性、主动性,帮助学生形成正确的学习定势,并通过教学过程中的及时反馈,对学生的学习动机和学习定势不断起强化作用。

3. 导向功能。高职院校思想政治理论课的每一课都是整个学科目标系统中的有机一环,它是思想政治理论课教学的可靠依据,对教学过程起着指引作用。有了教学目标,思想政治理论课的教师和学生才能在课堂上有共同奋斗的目标,从而避免整个教学过程的盲目性和随意性。

4. 适应功能。学生具有明确的学习目标,可以知道自己在一节课、一天或者一段时间内的学习任务,可以帮助学生根据自己的接受程度、知识水平来安排自己的学习进度。好的学生可以阅读高职院校思想政治理论课教师指定的课外读物,提高学习水平,学困生可以完成教师的指定学习内容,从而使高校思想政治理论知识的学习活动能够适应不同学生的接受水平,可以满足多样化和个性化的需要。

二、高职院校思政课理论教学目标的设计

（一）目标理论对高职院校思政课理论教学的要求

思想政治理论课的教学目标理论，如教学目标序列、教学目标的理解维度，思想政治理论课教学目标的特点、价值取向与功能，教学目标分类及结构等，对思想政治理论课教学提出了一系列要求。深刻把握和理解这些要求，是体现思想政治理论课教师教学能力的核心内容，也是增强思想政治理论课教学效果的必要前提。

1. 强化思想政治理论课教学的目标导向。教学是具有强烈目标指向的活动，教学目标是全部教学系统的核心，教学活动的各个方面、各个环节和各个要素都必须围绕教学目标来运行和展开。

首先，教师要树立明确的目标意识。思想政治理论课教学的内容组织、案例选择、课堂进程、方法运用以及评估反馈等，都要以教学目标为导向，指向于教学目标，不能“脚踩西瓜皮”、任意任性或漫无目标，更不能偏离甚至背离教学目标。教师要不断设问和追问：这门课程是一种什么样的教学预期，要向学生传递什么信息，要在学生身上产生什么结果？课程的各个单元和每个课时是什么样的教学预期，要产生什么结果？要以明确的教学目标来引领教学的全过程和各个环节。

其次，要牢牢把握教学目标的思想性和建构生成性。要明确思想政治理论课的课程属性，从国家意志和学生发展相统一的角度，理解思想政治理论课教学目标，突出思想政治理论课教学的特质；同时，要在实际的教学进程中不断建构目标，即不断设问和追问目标预设，不断检讨和反思目标达成度。

再次，要树立正确的教学目标价值取向，要自觉认清各种片面和错误的教学目标价值取向的根源、表现与危害，增强对思想政治理论课教学本质的自觉。

最后，要自觉地把目标导向作为最根本和最核心的教学原则。在日常话语中，我们常常讲问题导向、到课率和抬头率等，这当然非常重要。但同时也应该明确，坚持问题导向、提高到课率和抬头率，必须以坚持教学目标导向为前提。偏离或背离教学目标而获得所谓的“抬头率”或课堂氛围的做法，是毫无意义甚至是有害的。

2. 树立目标引领的课程意识。思想政治理论课教学要实现整体性教学目标，取得最优化教学实效，必须建构目标引导的课程体系。当代课程理论内容丰富，这里仅就与思想政治理论课教学目标相关的三个重要问题加以简述。

第一，处理好教材体系与教学体系的关系。高校思想政治理论课教材体系是中央马克思主义理论研究和建设工程重点教材《马克思主义基本原理概论》《毛泽东思想和中国特色社会主义理论体系概论》《中国近现代史纲要》《思想道德修养与法律基础》等统编教材。统编教材充分体现了知识的系统性、理论性和逻辑性，充分体现了教育目的和培养目标，符合大学生精神世界的发展要求，它是教师教学的主要依

据,也是学生学习系统知识的主要资源。一方面,教师的教学不能照搬统编教材,而必须实现由教材体系向教学体系的科学转化,即把逻辑化的知识体系转化为由教案、案例、重点难点问题解析、重点难点问题教学策略等教学资源及其运用的步骤、环节和方法等构成的教学体系;另一方面,教材体系向教学体系的转化又不能离开教材体系,更不能背离教学目标。教学体系的构建必须始终以教学目标和教材体系为根本依据,坚持以下原则:一是基础性和基本性原则,强化基本概念与基本原理;二是贴近实际原则,贴近社会生活实际,贴近学生生活经验;三是教育性原则,注重教学的教育性;四是统筹性原则,在注重基础和基本、重点和难点的同时,注重课程间知识的内在联系和学科知识的结构体系;五是抽象与具体相结合原则,将抽象概念和原理同具体经验相结合。总之,实现从教材体系到教学体系的科学转化,关键在于坚持教学目标导向,深入理解教材的教育目的、结构与方法;深入研究重点、难点问题,实现教材的再创造;精选教学案例,斟酌教学语言,精心设计教学互动,制定科学的教学策略。

第二,认识课程的存在状态,提高教学目标达成度。美国教育理论家古德莱德的课程层次理论认为,在教学实践中,课程的运行具有五种状态或五个层次,即"理想的课程""正式的课程""领悟的课程""运作的课程""经验的课程"。理想的课程是研究者和课程专家所建构和倡导的体系;正式的课程是教育领导部门与管理部门所确定的课程;领悟的课程是教师对正式课程的认知而领悟到的课程;运作的课程是教师在教学过程中具体实施的课程;经验的课程是教学过程中和教学结束后学生所接受和体验到的课程。古德莱德的课程层次理论深刻地揭示了课程的运动状态。它表明,在教育教学的不同环节和不同阶段,在实际的运动过程中,课程也相应地具有不同的存在形态。教师所理解的教材是教师在头脑中加工了的正式教材,由于认识水平、知识背景、价值观念等的差异,不同的教师对同样的课程和教材的理解也不相同;同一个教师,由于教学能力和教学条件等因素的局限,他运作的课程同他所理解的课程也不完全相同。最后,由于学生的学习心向、学习态度和学习能力的局限,学生实际接收和体验到的课程与教师所领悟和运作的课程之间也必然存在距离。如果把理想的、正式的课程主要看作是教材体系,那么领悟的课程和运作的课程则是教材体系向教学体系的转化环节,经验的课程则相当于教学结果。

可见,影响教学目标达成度(教学结果)的关键因素和关键环节,是教师对于正式课程的理解和对课程的实施水平。就思想政治理论课教学而言,中央马克思主义理论研究和建设工程重点教材集中体现了古德莱德所说的"正式的课程"。教师如何理解教材(包括教材的教育目的、知识选择和组织的科学性与合理性、知识的内在结构与逻辑联系、知识的教育意义、课程间知识的联系等),如何根据所理解的教材组织实施教学(包括知识以什么样的方式呈现给学生,以什么样的方法帮助学生理解知识结构和逻辑关系,以什么样的方法帮助学生领悟知识的教育意义,教学是否体现课程的要旨、要义,教学重点和难点是否合理,重点和难点问题的阐释方式等),

这两个因素是决定教学目标达成度的关键因素。就此而言，教师必须自觉地意识到课程的存在形态，自觉反思对课程和教材的理解水平，自觉调控课程和教材的组织实施，以实现教学效果的最优化。

第三，规避教学内容娱乐化取向。树立教学目标引领的课程意识，必须在深刻认识思想政治理论课的课程属性和教学属性的基础上，在教学内容的组织、教学素材的选择和教学语言的运用等方面，始终坚持教学目标的引领作用，规避教学内容娱乐化等偏离教学目标的种种现象。正如有学者指出的那样："思想政治理论课教学内容具有鲜明的政治性、科学性和系统性，是教学资源的核心组成部分。教学各环节的设计与实施必须以教学内容为基本遵循，而不能脱离教学内容单独进行教案设计。但是，一些高校教师为取悦学生的审美倾向，迎合学生的感官刺激，创造'活跃'的课堂气氛，却专注于巧立名目、制造噱头，任意对教材内容进行取舍或过度加工、演绎，竭力从庄重严肃的教材内容中挖掘娱乐化内容，甚至将原本不含或者不应含娱乐元素的教学内容赋予娱乐的特征和属性。更有甚者，直接回避教材基本理论问题，将课堂演绎为综艺舞台，把科学性扭曲为媚俗性和庸俗化，使思想政治理论课丧失应有的品位、思想深度和教育意义。"①对于教学的这种"娱乐化"取向，我们必须有清醒的认识并坚决加以反对。

3. 增强思想政治理论课教学目标的整体性。思想政治理论课教学目标是集知识目标、情感目标和认知目标于一体的结构性整体，教学不仅要树立目标导向意识，而且要增强目标整体性意识。

第一，要把知识目标、情感目标和认知目标统一于教学之中。孙熙国教授谈到"马克思主义基本原理概论"课的教学任务(目标)时指出："该课程的基本任务是教会学生马克思主义理论知识；中心任务是要让学生掌握认识自然和改造自然、认识社会和改造社会、认识人自身和改造人自身的方法和能力，这些方法实际上就是辩证唯物主义和历史唯物主义的世界观和方法论，是马克思主义的精髓；最高任务是使学生确立积极的情感、态度和价值观。该课程教学，必须坚持知识目标、能力目标和情感态度价值观目标的统一。""毛泽东思想和中国特色社会主义理论体系概论"课的总问题，是阐述在中国建立和发展社会主义。"它不是一般理论知识的介绍，也不是对中国革命、建设和改革历史过程的简单描述，而是注重史论结合、以论为主。在教学中要紧紧围绕这一总问题，着重分析马克思主义中国化理论成果的各个主要观点和主要论断，是在什么样的时代特征和实践基础上形成的；是怎样在总结实践经验的基础上、在同各种错误思潮的斗争中，不断探索把马克思主义基本原理同中国革命、建设和改革时期的具体实际结合起来而形成发展的；在这一历史进程中又是如何实现了把马克思主义中国化和把中国的实践经验马克思主义化的双向结合

① 刘艳. 高校思想政治理论课教学"泛娱乐化"现象批判与省察[J]. 广西社会科学，2015(9)：209-212.

的;这些成果是运用怎样的思维方式和价值观念形成的。”[①]思想政治理论课教学首先要落实知识目标,讲清楚核心概念、重要论断、基本原理,增强学生对知识的理解和运用能力。同时,要自觉树立教学的情感目标意识,帮助学生形成积极的情感体验和价值追求。思想政治理论课教学要在使学生掌握基本概念和基本理论的基础上,努力使学生对本课程领域的理论和知识形成积极态度和肯定性评价,产生“马克思主义原来很有魅力”的感慨;使学生对中国特色社会主义伟大实践形成积极的认知和体验,产生“社会主义原来很有魅力”的感悟;使学生对人生理想和人生价值形成积极认知,产生“人生应该这样过”的体悟。思想政治理论课教学还要注重学生的认知目标,帮助学生形成科学有效的认知策略、元认知策略和自我策略。

第二,要尽可能地把每个维度的教学目标向更高层级提升。思想政治理论课教学不仅要把知识目标、情感目标和学习策略目标统一于教学之中,而且要尽可能地促进更高层次目标的实现。思想政治理论课教学在知识目标方面,要从记忆水平提高到理解水平,从使学生掌握本课程领域的基本知识上升到理解各门课程知识之间的整体性联系,形成关于马克思主义的完整的知识结构。在情感目标方面,要从使学生形成对本课程知识的积极体验上升到对社会、历史和人生的积极体验。在认知目标方面,要从使学生形成科学的认知策略上升到形成科学的元认知策略和自我策略。只有把每个维度的教学目标向更高层级提升,才能彰显出思想政治理论课教学的魅力,才能真正取得思想政治理论课教学的最优化实效。

(二)高职院校思政课理论教学目标的设计及优化

高职院校思想政治理论课教学目标对教学过程的实现具有重要作用,巴班斯基指出:“教学最优化的第一步,也就是第一个方法就是用综合的观点选择和决定教学任务。”这里所说的“综合”是指高职院校思想政治理论课不仅仅是传授思想政治理论知识,培养大学生的能力,进行思想道德教育的某一单项工作,而是完成德育、美育、能力培养和智能提高的综合性工作。这种综合任务,既是全面的,又是有重点的、有针对性的,要实现思想政治理论课的这种综合性,在目标设计上就要把握好以下四个环节。

1. 课时目标具体化。所谓“具体化”,就是指高职院校思想政治理论课教师在制定某一课程、某一课时的教学目标时,都必须明确、具体且有针对性,即要根据高职院校思想政治理论课教学大纲的要求和教材的内容,以及学生的知识、能力、认知等特点,根据教学对象的长处、短处、兴趣、爱好、习惯等情况,把教学目标任务具体化。巴班斯基把课时目标具体化作为教学优化艺术的第二个办法。他说:“教学最优化的第二个办法,是在研究该班学生特点的基础上,把教学任务具体化。任务不仅是

① 孟宪生,李忠军.全国高校思想政治理论课教学方法改革年度发展报告(2014)[M].北京:高等教育出版社,2016.

综合的，而且应当是十分具体的，即指向消除学生知识中的落后面，解决学生教育和发展中最薄弱的环节。”①

2. 总体目标全面化。一是全面考虑高职院校思想政治理论课总的育人目标和教学目标；二是考虑高职院校思想政治理论课各门课程的教学目标，在2005高校思想政治理论课实施新方案中已经明确规定了各门课程的教学目标、育人目标；三是考虑各门课程各章节的教学目标。在进行教学目标设计时，要照顾到教学目标的各个组成部分，要处理好各组成部分之间的关系。

3. 具体目标行为化。行为学认为，教学目标是学习终了时学生所表现出来的行为变化，因此制定教学目标要充分考虑到目标描述的行为化。高职院校思想政治理论课要解决学生对思想政治理论知识的“知”“信”“行”三个相互联系的问题，单方面解决其中的任何一个问题都难以实现教学目标。解决“知”，仅是实现目标的第一步；解决学生“信”与“不信”才是实现教学目标的第二步；解决学生的“行”，把思想政治理论、知识内化为信念，最终变成为学生的行为才是第三步。第三步也是高职院校思想政治理论课教学要实现的最终教学目标。这要求教师在设计具体教学目标时要充分考虑大学生的行为化。

4. 课程目标系统化。课程目标就是高职院校思想政治理论课各门课程要实现的教学目标。高职院校思想政治理论课各门课程的教学时数不同，课程所用的学期数也不同，一般都是一学期完成一门课程的教学目标，但也有的课程需要两到三学期才能完成。因此，课程目标系统化首先就要学段化，把一门课程的教学时间划分为若干学段，制定和把握好各学段的教学目标，同时又结合该课程的特点，将各学段的教学目标系统化。其次，课程目标系统化就是结合该课程教学大纲制定某一学段的教学目标体系，将教学目标进一步细化、量化。

（三）高职院校思政课理论教学目标设计优化的实施

高职院校思想政治理论课目标教学就是紧紧围绕着教学目标进行的教学，教学目标是根据教学目的演化而来的，教学目的侧重于学生内隐的心理体验，而教学目标是对教学目的的进一步具体化，相对于教学目的而言易于测量、易于操作，着力于外显的能力培养。所以，达到了教学目标即在很大程度上实现了教学目的，每节课、每个学生都达到了教学目标，就是全面实现了教学目的。在高职院校思想政治理论课课堂上，教师和学生都应该为达到教学目标而努力。在把握了教学目标设计的艺术后，可以选择以下几种方法来高效地实施教学目标，以保证实施目标取得更佳的效果。

1. 总结法。在高职院校思想政治理论课的课堂上，大学生在学完知识内容，接受相关的思想政治理论教育后，教师用精练概要的语言总结引导出本次课的教学目

① [苏]巴班斯基. 论教学过程最优化[M]. 吴文侃，等译. 北京：教育科学出版社，2001.

标的方法，叫作总结法。这种展示教学目标的方法常常放在课堂的最后，因此，总结法又叫切尾法。这种总结法主要是教师归纳，学生能不能对课堂上所学的知识、所接受的思想理论教育进行系统的理解掌握，关键在于教师在总结时要注意使用正确的方法，要善于抓住主要矛盾和矛盾的主要方面，用精练、鲜明、概括的语言加以总结。也可以鼓励、引导学生进行自我总结，在学生的自我总结中培养学生分析、综合、归纳、推理等思维能力，达到知识学习、能力提高、智能锻炼、思想进步的目的。

2. 渗透法。在高职院校思想政治理论课的课堂上，教师在引导大学生学习政治理论知识要点时，将教学目标寓于知识之中和教学过程之中的方法，叫作渗透法。采用渗透法，教师应该始终引导学生不能偏离教学目标思路的发展，始终不能偏离教学内容中重点涉及教学目标实现的关键要素。通过于无声处、和风细雨的教学渐进过程，将教学目标逐步渗透教与学的双向活动。

3. 明示法。高职院校思想政治理论课教师在课的开头就直接把教学目标直接交给学生的方法叫作明示法。它是教学目标实施中最普遍、最基本、最常用、最有效的方法。在上课的开始，教师可以把本章、本节、本课的教学目标直接反映在多媒体课件的起始位置，或者直接写在黑板上，或者直接印发给学生，让学生开始上课就明确教师的教学目标，可以起到直奔主题的作用。

4. 自解法。在高职院校思想政治理论课的课堂上，教师也可以根据教学内容实际，鼓励学生自主阅读教学内容，鼓励学生自己提出目标要求，自己实现教学目标，叫作自解法。这种方法完全是靠学生自己完成的，一方面，学生根据教师安排的内容和在课堂开始前提出的简单要求，自己提出明确的学习目标要求；另一方面，学生根据自己提出的目标要求，去学习、去分析理解教学内容涉及的篇章结构、思想内涵、知识信息要点，从而提高学生自学、阅读、发现问题、解决问题的能力。

5. 暗示法。暗示法与明示法相反，不是在课的开头就直接告诉学生，而是通过学生在课堂上循序渐进的学习活动，通过学生对高校思想政治理论课教材、教学内容的逐步理解和把握，在教师的引导下解决学习的重点、难点，解决思想认识中的“朦胧区”“定势误解区”，从而逐步暗示出教学目标的实施方法。这种暗示法，可以起到心照不宣的作用，在很多课时中比明示法的全盘托出效果更好一些。特别是思想政治理论课理论性强、大道理多的课时和教学目标，容易引起大学生反感，容易导致学生对课堂产生逆反情绪，因此，暗示法比明示法的效果会更好。比如在讲授毛泽东思想时，尽管教学目标要求大学生必须掌握毛泽东思想形成和发展的主要内容，但为了避免学生开始上课就感受到量大质深的理论内容，完全可以不直接告诉学生教学目标，可在教师讲授的过程中逐步暗示出教学目标。

6. 揭示法。在高职院校思想政治理论课的课堂上，教师在引导学生学习知识点、信息点、思想教育的片段之后，在解决好知识信息的重点、难点、热点、疑点和思想教育意义深浅时，可用“一语道破”的方式揭示出教学目标。教师在课堂上完成某一知识信息和思想教育难点或者某特殊的教学环节时，常常用像“我们这堂课的教学目标，就是我们所要掌握理解的知识内容，就是我们所要明白的思想教育意义"等揭示性语言，可以起到画龙点睛的作用，可以达到事半功倍的效果。

上述六种教学目标的实施方法，是高职院校思想政治理论课长期总结、积累的行之有效的方法，教师在运用时应该根据学生和教学内容的实际灵活掌握，不可以生搬硬套。在现实的高校思想政治理论课教学中，大多数教师在自觉、不自觉地使用这些方法，但也有相当一部分教师在教学目标的设计和实施中显得非常随意，没有遵循教学目标设计，实施优化原则时没有过多地去探索目标设计，等等。这些都是影响当前高校思想政治理论课针对性与实效性的因素。

第二节　高职院校思政课理论教学的内容

一、高职院校思政课课程体系的基本情况

目前，高职院校与本科院校联合培养本科生，在课程设置中，也在用高校思想政治理论课"05 方案"中的课程体系，包括四门主干课程，下面分别阐述其在高校思想政治理论课教学中的性质与地位。

（一）"马克思主义基本原理概论"的性质及地位

这门课程是高校公共政治理论课中的基础理论课程，为必修课。其基本要求是通过该门课程的学习，使大学生树立科学的世界观，帮助大学生学习马克思主义的基本立场、基本观点和基本方法；帮助大学生从整体上把握马克思主义，正确认识人类社会发展的基本规律。

"马克思主义基本原理概论"作为一门思想政治理论课，其教学内容紧紧围绕什么是马克思主义，为什么要始终坚持马克思主义，怎样坚持和发展马克思主义这一主题，以阐述马克思主义世界观和方法论为重点，以人类社会发展的基本规律为主线，全面阐述马克思主义的基本原理，培养大学生树立为实现物质财富极大丰富、人民精神境界极大提高、每个人自由而全面发展的共产主义社会而奋斗的远大理想和坚定信念。课程的教学内容坚持实事求是、与时俱进，既阐述了马克思主义创立的时代背景，又根据发展的实践要求，集中阐述马克思主义的基本立场、基本观点和基本方法。在此基础上，要引导学生理论联系实际，在有针对性地回答马克思主义在当代发展过程中遇到的、大学生所关注的重大问题的过程中，阐述马克思主义的基本原理。

我们处在一个伟大的时代，这样的时代与马克思、恩格斯所处的时代相比已经

发生了很大的变化。国际共产主义运动已经具有170多年的历程，社会主义制度已经经过了100多年的发展，和平、发展、合作成为当今时代的主题，经济全球化深入发展，科技进步日新月异；同时，国际环境复杂多变，影响和平与发展的不稳定、不确定因素增多，世界发展不平衡状况加剧。我国改革开放和现代化建设取得了巨大成就，经济社会发展进入新的阶段，但前进的道路上还面临不少困难和问题。在这样的时代条件下，通过学习“马克思主义基本原理概论”课程，要努力从根本的层次上明确三个重大课题，即：当代资本主义发生了许多变化，其本质变没变，马克思主义揭示的资本主义必然被社会主义所代替的人类社会发展的基本趋势变没变；社会主义在发展中遇到挫折，其前途还光明不光明；马克思主义历经一个多世纪的考验，还灵不灵。通过对该门课程的学习，使学生对这些问题得到比较好的回答，在此基础上面对现实生活中大量的具体问题，让大学生运用学到的马克思主义基本原理，自己去思考、去分析、去解决。

（二）“中国近现代史纲要”的性质及地位

这门课程是高校公共思想政治理论课，为必修课程。通过讲授中国近代以来抵御外来侵略、争取民族独立、推翻反动统治、实现人民解放的历史，帮助学生了解国史、国情，深刻领会历史和人民怎样选择了马克思主义，怎样选择了中国共产党，怎样选择了社会主义道路，从而帮助当代大学生树立正确的价值观、世界观；同时紧密结合中国近现代的历史实际，通过对有关历史进程、事件和人物的分析，提高大学生运用科学的历史观和方法论分析历史问题、辨别历史是非的能力。

“中国近现代史纲要”作为一门历史学科的课程，能使大学生了解外国资本主义、帝国主义入侵中国及其与中国封建势力相结合给中华民族和中国人民带来的深重苦难，了解近代以来中国所面临的争取民族独立、人民解放和实现国家富强、人民富裕这两项历史任务；懂得必须首先推翻半殖民地半封建的社会制度，争得民族独立、人民解放，才能集中力量为进行现代化建设开辟道路，认识中国革命的必要性、正义性、进步性；自觉地继承近代以来中国人民的爱国主义传统和革命传统，发扬中华民族的民族精神，进一步增强民族自尊心、自信心和自豪感。在学习中了解近代以来中国的先进分子和中国人民为救亡图存而进行的艰苦探索、顽强奋斗的历程及其经验教训；注意比较地主买办资产阶级、民族资产阶级和工人阶级政党的不同的政治方案，懂得旧民主主义革命让位给新民主主义革命、资产阶级共和国让位给人民共和国的原因；认识历史和人民怎样选择了中国共产党、选择了马克思主义，进一步增强拥护共产党领导和接受马克思主义指导的自觉性。同时，要了解中国人民走上以共产党为领导力量的社会主义道路的历史必然性；联系社会主义改造以后中国现代化建设事业的发展，尤其是改革开放以来取得的巨大成就，懂得中国选择社会主义的正确性；进一步树立“只有社会主义才能救中国，只有社会主义才能发展中国”的明确观念，坚定走中国特色社会主义道路的信心。

通过本课程的学习，能够帮助大学生掌握中国近现代历史发展的全过程，正确总结经验，认识国情，学会全面地分析矛盾，解决问题；帮助大学生增强对"四项基本"原则的认识，提高执行党的方针政策的自觉性；激发爱国热情和民族自豪感、自信心；更好地批判、继承历史文化遗产，弘扬民族精神和优良传统。同时，为大学生学习好"毛泽东思想和中国特色社会主义理论体系概论"课程打下基础。

（三）"毛泽东思想和中国特色社会主义理论体系概论"的性质及地位

这门课程是高校思想政治理论课中重要的主干课，也是必修课。它是根据中共中央宣传部、教育部《〈关于进一步加强和改进高等学校思想政治理论课的意见〉实施方案》的精神而设置的，是思想政治理论课程体系中学分最多的一门核心主干课程。该课程是大学生学习和掌握马克思主义中国化理论成果基本知识的主渠道，承担着帮助大学生全面了解中国国情，坚定建设中国特色社会主义的理想和信念；培养大学生讲实话，办实事，知行统一，脚踏实地的求真务实精神；提高大学生政治理论素养，增强投身中国特色社会主义建设自觉性等重要功能。

通过该门课程的教学，能使大学生系统理解和掌握马克思主义中国化的理论成果及其理论精髓，全面提高大学生思想政治理论素质和中国化马克思主义理论素养；使大学生准确把握社会主义的本质，真正认清社会主义初级阶段的基本国情，坚定中国特色社会主义的理想、信念；使大学生从社会主义革命、建设和改革的历史进程中，进一步树立只有社会主义才能发展中国，只有中国共产党才是中国特色社会主义的领导核心的科学道理；使学生学会运用中国化马克思主义立场、观点和方法分析问题和解决问题；增强学生投身于改革开放和社会主义现代化建设的自觉性、主动性和创造性，成为中国特色社会主义事业的合格建设者和可靠接班人。

（四）"思想道德修养与法律基础"的性质及地位

这门课程是高校公共政治理论课中的基础理论课程，为必修课。该门课程的教育教学是培养大学生科学人生观、遵纪守法意识，维护社会稳定与和谐的需要；是使大学生正确理解和拥护、贯彻依法治国方略，建设社会主义法治国家的需要；是完善和优化大学生的知识结构和文化素质，使他们成为"四有"人才的需要。通过本门课程的教学，使大学生树立马克思主义人生观，了解与自己生活学习相关的基本法律知识，增强法律意识，提高法律素质。通过本门课程的教学，要加强对大学生思想政治素质教育和创新能力的培养，加强对大学生的马克思主义人生观、价值观、道德观和法治观的教育，引导学生树立高尚的理想情操，养成良好的道德品质。作为大学生进入大学后所学的第一门思想政治理论课，"思想道德修养与法律基础"的主要教学内容和教学目的，就是从当代大学生面临和关心的实际问题出发，以社会主义核心价值观为统领，以正确的人生观、价值观、道德观和法制观教育为主线，以理想信念教育为核心，以爱国主义教育为重点，紧密联系大学生成长、成才过程中的一系列人生课题，通过理论学习和实践体验，培养大学生良好的思想道德素质和法律素质，为逐渐成长为德、智、体、美、劳全面发展的社会主义事业的合格建设者和可靠接班人打下扎实的思想道德和法律基础。

二、高职院校思政课理论教学的内容及要求

（一）“马克思主义基本原理概论”的教学内容及要求

“马克思主义基本原理概论”的教学内容主要就是讲马克思主义基本原理。关于这门课程的基本内容，中共中央宣传部、教育部《〈关于进一步加强和改进高等学校思想政治理论课的意见〉实施方案》提出，要着重讲授马克思主义的世界观和方法论，帮助学生从整体上把握马克思主义，正确认识人类社会发展的基本规律。这实际上涉及了两个问题，一个是“什么是马克思主义”，另一个是“什么是马克思主义基本原理”。弄清楚这两个问题，就可以从总体上把握本教材的内容。

对于什么是马克思主义，长期以来没有统一的权威的定义，理论界对马克思主义的定义有十几种之多。《马克思主义基本原理概论》教材在绪论的开始专设一个目，在从不同角度对马克思主义做了描述之后，尝试性地对什么是马克思主义做了回答，提出：从狭义上说，马克思主义即马克思、恩格斯创立的基本理论、基本观点和学说的体系；从广义上说，马克思主义不仅指马克思、恩格斯创立的基本理论、基本观点和学说的体系，也包括后人对它的发展，即发展了的马克思主义。作为中国共产党和社会主义事业指导思想的马克思主义，是从广义上理解的马克思主义。它既包括由马克思、恩格斯创立的马克思主义的基本立场、基本观点、基本方法，也包括经列宁继承和发展，推进到新的阶段，并由以毛泽东、邓小平、江泽民、胡锦涛、习近平等为主要代表的中国共产党人将其与中国的具体实际相结合，进一步丰富和发展了的马克思主义，即中国化的马克思主义。

在回答了什么是马克思主义的基础上，教材又进一步回答了什么是马克思主义基本原理。教材指出，马克思主义基本原理是马克思主义的基本立场、基本观点、基本方法的总称。其中，基本立场、基本方法具有基础的根本的意义，基本观点是在基本立场的基础上运用基本方法得出的，当然，基本立场、基本方法本身也包含一些基本理论和基本观点，是通过这些基本理论和基本观点体现的。这里需要特别指出的是，科学理解什么是马克思主义基本原理的关键，要把马克思主义作为一个完整的严谨的理论体系，从整体上把握马克思主义，而不是人为地把马克思主义划分为几个似乎互不联系的部分。但毋庸讳言的是，在比较长的时期内，我们在一定程度上比较看中马克思主义三个组成部分的论述，这当然也是必要的，需要克服对马克思主义的整体性重视不够的不足。教材对马克思主义基本原理整体性的理解，比较集中地体现在绪论的第三部分关于马克思主义革命性与科学性统一的论述中。在这

一部分，教材把马克思主义的基本内容概括为四个方面：第一，辩证唯物主义和历史唯物主义是马克思主义最根本的世界观和方法论；第二，马克思主义政党的一切理论和奋斗都应致力于实现最广大人民的根本利益，这是马克思主义最鲜明的政治立场；第三，坚持一切从实际出发，理论联系实际，实事求是，在实践中检验真理和发展真理，是马克思主义最重要的理论品质；第四，实现物质财富极大丰富、人民精神境界极大提高、每个人自由而全面发展的共产主义社会，是马克思主义最崇高的社会理想。

基于上述认识，教材在对马克思主义基本原理的内容进行安排时，就注意既突出马克思主义哲学、政治经济学和科学社会主义三个组成部分，又不局限于三个组成部分，特别注意不把马克思主义哲学、政治经济学和科学社会主义内容简单相加，而是从总体上阐述马克思主义的最基本的原理和方法。同时，尊重马克思主义的学科规律和教学规律，从计划的一定学时要求出发，在内容和逻辑的安排上突出重点，使之合乎马克思主义理论体系的内在逻辑。首先突出马克思主义辩证唯物主义和历史唯物主义的世界观和方法论，同时突出马克思主义以科学的世界观和方法论所揭示的人类社会发展的一般规律，并运用这一规律深刻认识资本主义的本质和社会主义一定代替资本主义的必然性。教材不刻意追求面面俱到，但对于马克思主义的基本立场、基本观点、基本方法都力求讲述清楚，使教材的内容既做到重点突出，又基本上反映马克思主义基本原理的完整性和科学性。

相对于教材教学内容而言，课程也非常注重体系结构的安排，使之有利于对马克思主义基本原理的阐述，有利于大学生对马克思主义基本原理的学习。该教材除绪论外，共设七章。绪论开宗明义，回答什么是马克思主义；接下来论述马克思主义是时代的产物，是马克思、恩格斯革命实践和对人类文明成果的继承和创新的结果，马克思主义是在实践中产生的，并在实践中不断丰富和发展；再接下来论述马克思主义的丰富内容；最后论述为什么要学习马克思主义和如何学习马克思主义。大学生通过对绪论部分的认真学习，就可以从总体上把握马克思主义的基本体系。教材前三章集中讲马克思主义最根本的世界观和方法论，其中既有哲学的辩证唯物主义和历史唯物主义，有科学的认识论，有马克思主义一切从最广大人民群众根本利益出发的根本立场，有马克思主义的历史观和生产力决定生产关系的最基本原理，还有马克思主义揭示的人类社会发展的基本规律和科学社会主义的基本原理。后四章是马克思主义最基本的世界观和方法论的进一步展开和应用，马克思、恩格斯在分析资本主义社会中又进一步丰富了辩证唯物主义和历史唯物主义，提出了剩余价值学说，揭开了资本家阶级剥削和雇佣工人的秘密，揭示了资本主义社会为共产主义(第一阶段是社会主义)社会所代替的必然性，从而为工人阶级认识世界、改造世界提供了锐利的思想武器。需要说明的是，后四章除马克思、恩格斯的学说外，还包括了列宁、斯大林以及中国共产党对马克思主义的丰富和发展，考虑到与其他思想政治理论课课程教学内容的重复问题，教材比较多地讲了马克思、恩格斯和列宁的重要思想。最后一章“共产主义是人类最崇高的社会理想”在全书中具有重要位置，主要使学生掌握马克思主义经典作家预见未来社会的科学立场和方法，深刻认识共产主义社会实现的历史必然性和长期性，树立和坚定共产主义远大理想，提高积极投身于中国特色社会主义建设事业的自觉性。通过理论与今天的社会主义建设的实践结合起来，与大学生的人生价值的实现结合起来，使大学生明确共产主义既是最崇高的社会理想，又是始于足下的实际行动。当代大学生应该科学地把握历史发展的规律，树立建设中国特色社会主义的共同理想和最终实现共产主义的远大理想，积极投身于建设中国特色社会主义事业的伟大实践，从我做起，从现在做起，在追求崇高理想的过程中实现自己的人生价值。

（二）“中国近现代史纲要”的教学内容及要求

“中国近现代史纲要”这门课的开设是我国高校思想政治理论课教学的一件大事。这门课程的教学内容以可靠的史实，揭示了中国近现代史发展的规律，记录了中国人民怎样选择马列主义、选择中国共产党、选择社会主义的历史过程。而正是因为有了这三个正确的选择，才有了中国革命、建设和改革的胜利。“中国近现代史纲要”的教学内容不是只记录历史事件的一部自然主义的历史之作，而是在马克思主义历史唯物论的指导下对中国近现代历史实践经验的总结，它揭示了中国近现代史的发展规律，指明了历史发展的趋势和方向。教材是沿着社会存在决定社会意识之路，遵循生产力和生产关系的辩证法、经济基础和上层建筑的辩证法来叙述中国近现代史的发展过程的。正因为这样，它规律性地再现了中国近现代史的真实面貌，这是一条明晰的线索。

《中国近现代史纲要》教材是一本以唯物史观为指导的，主题明确、观点鲜明、线索清晰、说理透彻、结构严谨的教材，它注重在叙述历史的发展中把人民群众的主体作用和共产党的领导结合起来。中国的近现代史就是中国共产党领导人民群众进行革命、建设、改革并取得胜利的历史。改变旧世界、建设新社会，靠的是人民群众的实践这一强大的物质力量；推动社会进步，指明发展方向，靠的是共产党在马克思主义指导下对群众实践经验的总结。中国近现代历史的经验证明：革命和建设没有人民群众的发动不行，没有共产党的领导也不行。通过学习使当代大学生树立两大观念：一是人民群众观念；二是党的领导观念。这对于正在成长中的中国大学生成为中国特色社会主义事业的建设者和接班人是至关重要的。这本教材是一部马克思主义中国化的历史教科书，也是一部中国化的马克思主义发展史。中国近现代历史的实践证明：中国的革命、建设和改革，没有马克思主义不行，有了马克思主义，如果不与中国的具体实践相结合也不行，而所谓马克思主义与中国具体实践相结合，说到底，就是走马克思主义中国化之路。教材在教学内容中不仅历史地论述了马克思主义在中国的传播，而且着重写了毛泽东思想、邓小平理论、“三个代表”重要思想、科学发展观、习近平新时代中国特色社会主义思想形成和发展的历史，阐明了它们在中国革命、建设和改革中的旗帜作用及取得的伟大的实践成果。这是教材的实质所在。

我们常说“论从史出”，历史是知识之母，一切知识都在历史实践中生成，教材得出的结论就是对中国近现代历史进行科学总结的结果。“中国近现代史纲要”在我们的思想政治理论课教学体系中，就具有这样的基础作用，我们应该从这样一个高度来引导大学生对待“中国近现代史纲要”课程的学习。

（三）“思想道德修养与法律基础”的教学内容及要求

新版的《思想道德修养与法律基础》教材不是过去《思想道德修养》和《法律基础》教材的简单合并，而是将两者有机地融为一体，力求把对大学生进行社会主义思想道德教育和法治教育紧紧地结合在一起，把增强社会主义法治观念和提高社会主义道德觉悟紧密结合在一起。因此，课程教材体现出来的教学内容，一方面注重继承和借鉴之前的《思想道德修养》和《法律基础》教材编写和教学方面的成功经验，充分吸收了这两门课程以往教学及科研中取得的丰富成果和经验；另一方面根据“思想道德修养与法律基础”课教学体系和教学目的的需要，对教学内容进行了创新性定位和阐释，并综合地运用其他三门思想政治理论课提供的马克思主义理论以及其他多种相关学科的知识，对大学生在人生观、价值观、道德观和法治观方面遇到的理论问题和实际问题做出科学的有说服力的回答，较好地体现了继承与创新的统一。

“思想道德修养与法律基础”的教学内容力求把马克思主义的理论指导和解决大学生成长、成才过程中遇到的实际问题紧密结合在一起，凸显“问题意识”是教材体系中最突出的特点，也是最大的亮点。从大学生的思想实际出发，发现问题、提出问题、分析问题、解决问题，这是课程在涉及我们“怎样培养人”方面的一个关键问题。课程在教学大纲的设计、逻辑结构的安排和教学内容的取舍上，坚持理论联系实际的原则，力求“贴近实际、贴近生活、贴近学生”，围绕大学生成长、成才过程中的价值标准（人生观和价值观）和行为规范（法治观和道德观），重点解决当代大学生的理想信念问题、价值取向问题、诚信问题、社会责任感问题、艰苦奋斗问题、团结协作问题和心理健康问题等，引导大学生树立高尚的理想情操和养成良好的道德品质，提高大学生的思想道德素质，增强社会主义法治观念和法律意识，树立体现中华民族优秀传统和时代精神的价值标准和行为规范。大到教材章、节、目，小到每一个段落都蕴含着大学生群体中所存在的、有代表性的、多方面需要回答和引导的问题。这些问题，既从大学生中来，又要回到大学生中去，它来自大学生的现实要求，来自大学生所面临的疑虑、问题和困惑。针对这些疑虑、问题和困惑，教材体现的教学内容都力求从马克思主义的世界观、人生观、价值观的高度给予科学的、以理服人的、准确的阐释和回答，真正体现“思想道德修养与法律基础”教育教学的针对性、实效性和吸引力及感染力。

（四）“毛泽东思想和中国特色社会主义理论体系概论”的教学内容及要求

“毛泽东思想和中国特色社会主义理论体系概论”课程的基本内容是全面论述毛泽东思想、中国特色社会主义理论体系的科学内涵、形成发展过程、科学体系、历史地位、指导意义、基本观点以及中国特色社会主义建设的路线、方针、政策。通过学习，使大学生全面理解毛泽东思想、中国特色社会主义理论体系是马克思主义中国化的最新理论成果，准确把握其科学体系、主要内容和精神实质，提高大学生对中国特色社会主义的认同感、使命感和责任感，培养大学生运用马克思主义的立场、观点和方法来分析和解决问题的能力，增强执行党的基本路线和基本纲领的自觉性，帮助学生树立献身中国特色社会主义事业的坚定信念和积极投身全面建成小康社会的伟大实践。

“毛泽东思想和中国特色社会主义理论体系概论”这门课程之前叫“毛泽东思想、邓小平理论和‘三个代表’重要思想概论”，是由原来“毛泽东思想概论”与“邓小平理论和‘三个代表’重要思想概论”两门课程整合而成。从历史沿革来看，“毛泽东思想概论”课最早是“中国共产党历史”。1985 年，高校马克思主义理论课第一轮改革，把“中国共产党历史”改为“中国革命史”。1998 年，根据中共中央指示精神，高校马克思主义理论课的新一轮改革把“中国革命史”改为“毛泽东思想概论”课，并且确定为“两课”的重要内容。1985 年，高校马克思主义理论课改革确定开设“中国社会主义建设”，1998 年，根据中共中央宣传部和教育部的精神，将“中国社会主义建设”改为“邓小平理论概论”。2005 年，根据《中共中央、国务院关于进一步加强和改进大学生思想政治教育的意见》精神，中共中央宣传部和教育部又下达了《〈关于进一步加强和改进高等学校思想政治理论课的意见〉实施方案》。根据文件精神，要不断完善高等学校思想政治理论课的课程体系，思想政治理论课程的设置要体现马克思主义与时俱进的理论品格，更好地适应时代发展的要求；要突出重点，更好地吸收理论和实践发展的最新成果；要以马克思主义中国化的理论成果，即毛泽东思想、邓小平理论和“三个代表”重要思想、科学发展观、习近平新时代中国特色社会主义思想为中心内容，完善思想政治理论课的课程体系。

在高职院校思想政治理论课的课程体系中，本门课程占有特殊重要的地位，它使高职院校思想政治理论课的教学内容能够更好地体现马克思主义与时俱进的理论品格，能更好地适应时代和实践发展的要求，能更好地展现理论创新、制度创新、文化创新和科技创新的成果，同时也有利于更好地推动思想政治理论课的教学体现时代性、把握规律性、富有创造性、增强实效性，更好地推动中国特色社会主义理论体系的“三进”工作，更好地用发展着的马克思主义理论武装青年大学生的头脑。

本门课程的开设，既有利于使学生对马克思主义中国化的最新理论成果有一个连贯的完整的认识，从而进一步推动中国特色社会主义理论体系的“三进”工作，又有利于贯彻历史与现实相联系、理论与实际相结合的教学原则，并且有利于减少原先课程之间的内容重复，可有效整合教学内容中的教育资源，体现“学马列要精，要管用”的原则。本门课程的教学主题是马克思主义中国化的理论与实践，主线是马克思主义中国化进程中的几大理论成果。课程的教学内容围绕主题和主线，讲授了中国共产党把马克思主义基本原理与中国实际相结合的历史进程，帮助大学生正确把握马克思主义与时俱进的理论品质和马克思主义中国化的基本规律及基本经验，充分认识在当代中国坚持和发展马克思主义，用发展着的马克思主义指导新的实践的重要意义；讲授了马克思主义中国化进程中的几大理论成果，帮助学生系统掌握毛泽东思想和中国特色社会主义理论体系的基本原理和基本观点，科学理解毛泽东思想和中国特色社会主义理论体系的历史地位和指导意义；讲授了中国共产党领导的革命、建设和改革所取得的辉煌成就，引导学生正确认识中国的基本国情和社会主义建设的客观规律，帮助学生坚定在党的领导下走中国特色社会主义道路的理想信念，增强推进中国特色社会主义事业发展的自觉性和坚定性，使学生正确认识自身所肩负的历史使命，成为全面发展的中国特色社会主义事业的合格建设者和可靠接班人。

“毛泽东思想和中国特色社会主义理论体系概论”以中国化的马克思主义为主题，以马克思主义中国化为主线，以马克思主义中国化的历程和三大理论成果为重点，即以建设中国特色社会主义为重点，以中国为什么选择社会主义，怎么样走上社会主义道路，什么是社会主义，怎么建设中国特色社会主义的理论思考为主线，以中国共产党领导中国人民探索适合国情的新民主主义革命道路、社会主义改造道路、社会主义建设道路、社会主义改革和现代化建设道路的伟大实践为背景，反映了中国共产党人不断推进马克思主义中国化的历史进程和基本经验，揭示了马克思主义中国化的历史必然性，阐述了马克思主义中国化的理论成果的主要内容、精神实质、历史地位和重大意义。

围绕主题、主线和重点，教材可分为三大部分：第一部分为总论，包括马克思主义中国化的理论成果及其精髓两部分内容；第二部分，讲毛泽东思想体系中的两个特殊内容；第三部分，讲建设中国特色社会主义，也是本书的重点。以上各部分、各讲，都贯彻了理论与实践相结合、历史与逻辑相联系的原则和方法，将毛泽东思想和中国特色社会主义理论体系联系起来讲，既讲清楚理论与成果之间的一脉相承，又讲清楚理论成果的与时俱进；要使学生既能从纵的方面去认识，又能从横的方面去把握理论成果的基本内容和精神实质；既能从理论上把握贯穿在理论成果中的马克思主义的基本立场、观点和方法，又能从历史活动中认识到马克思主义中国化是一个历久弥新、永无止境的过程，这个过程还在继续着，还在发展中，促使学生自觉意识到并自觉承担起在新的历史条件下坚持和发展马克思主义的历史责任。

第三节　高职院校思政课理论教学的方法

一、高职院校思政课教学方法的内涵

从一定意义上说，教学方法与高校思想政治理论课程教学方法的关系是共性与个性、一般与个别的关系。明确教学方法的内涵是全面、深入、细致阐述高职院校思想政治理论课程教学方法内涵的必要条件和前提，而全面、深入、细致阐述高职院校思想政治理论课程教学方法的内涵是对教学方法认识的丰富和深化，二者所追求的目标是一致的，即它们都是为搞好高职院校思想政治教育课堂教学服务的。

教学方法是构成教学论的主要内容之一，它是作为外化形式并在实践中发挥作用的。迄今为止，学术界对于教学方法概念的定义仍未形成共识。我们把现有的关于教学方法的定义进行归纳总结，可以归纳为如下几类。

1. 手段说。该说认为，教学方法是“教师为完成教学任务而采用的手段”。

2. 方法说。该说认为，教学方法是教师为达到教学目的而组织和使用教学技术、教材、教具和教学辅助材料以促成学生按要求进行学习的方法。

3. 活动说。该说认为，教学方法是“为达到教学目的，实现教学内容，运用教学手段而进行的，由教学原则指导的一整套方式组成的、师生相互作用的活动”①。

4. 方式说。该说认为，教学方法是“为了解决教养、教育和发展学生的一定任务，教师和学生相互联系活动的种种方式”②。

上述四类分法是依据对教学方法的着眼点、侧重点、角度的不同而提出的。虽然这些分法存在分歧，但不影响我们概括、归纳教学方法的本质属性。

教学方法的本质属性主要表现在如下三个方面。

首先，教学方法与教学手段密不可分。“任何教学方法的使用都要借助一定的教学手段，没有教学手段的教学方法只能是一个空壳。”③如在传统教学方法中，如果没有黑板、粉笔、挂图、语言、表情、手势等教学手段，再好的教学方法也无从施展。在现代教学方法中，如果没有课件、计算机、多媒体等教学设备，那再好的教学方法也是无源之水、无本之木，无法实施。

其次，教学方法与教学目的紧密相连。教学方法是为教学目的服务的。教学目

① 王策三. 教学论稿[M]. 北京：人民教育出版社，2005.

② [苏]巴班斯基. 中学教学方法的选择[M]. 张定璋，高文，译. 北京：教育科学出版社，2001.

③ 邝丽湛，王卫平，谢绍熺，何亮. 思想政治(品德)新课程教学论[M]. 广州：广东高等教育出版社，2005.

的不同，所选择的教学方法也不同，教学目的对教学方法起着导向作用。

最后，教学方法与教学观念密切相关。任何一种教学方法都是在一定的教学观念指导下进行的。如传统教学观念的核心是把学生视为客体，视为知识的“容器”，在这种教学观念的指导下，其教学关系是我问你答、我讲你听、我写你抄，此时教学方法的选择和使用是为了传授知识而服务的，而对学生其他方面的发展不给予关注。在这样的课堂上，教学“双边活动”变成了“单边活动”，“教”代替了“学”，学生是被教会，而不是自己学会。现代教学观念的核心是“以人为本”，关注的是学生的全面发展，在这种教学观念的指导下，其教学关系是师生互动，此时教学方法的选择和使用是为了学生全面发展而服务的。在这样的课堂上，教学由“单边活动”变成了“双边活动”，“教”是为了“学”，“教”是为了“不教”，其最终的目的是“达成共识、共享、共进实现教学相长和共同发展”。

综上所述，教学方法主要是指在一定的教学观念的指导下，为了在教学过程中达到教学目的，完成教学任务而采取的一整套操作策略。高职院校思想政治理论课程教学方法除了要具备上述教学方法的基本内涵之外，还要考虑到高职院校思想政治理论课程的性质及内容等特点，这是全面阐述高职院校思想政治理论课程的教学方法的首要条件。

高职院校思想政治理论课程的教学方法是在教学过程中，教师和学生为实现高校思想政治理论课程的教学目的，完成高职院校思想政治理论课程的教学任务，所采用的教和学的方式或手段的总称。这一定义下的高职院校思想政治理论课程教学方法具备如下几个特点：首先，高职院校思想政治理论课程的教学方法强调知行统一、强调践履，这是由高职院校思想政治理论课程特点所决定的；其次，高职院校思想政治理论课程教学方法所追求的最终目标是使受教育者成为德、智、体、美、劳全面发展的社会主义事业的建设者和接班人，为社会主义现代化建设输送合格人才；再次，高职院校思想政治理论课程教学方法，既包括教师的教法，也包括学生在教师指导下的学法，是教授方法与学习方法的有效组合。同时，这一定义也表明了高职院校思想政治理论课程教学方法是联结高职院校思想政治理论课程教与学的主要形式，是反映高职院校思想政治理论课程教与学关系最为明显的因素。

二、高职院校思政课教学方法的特性

教学方法作为一种主观的手段，一种教学策略和心智操作，它不是任意的，而是由教学活动本身逻辑地延伸出来的，具有一系列的制约因素。制约性是教学方法的基本特性。教师既要能动地选择和运用教学方法，又要充分认识教学方法的制约性。

1. 学生心理的制约性。教学方法是教师和学生双边活动的纽带，任何方法的运用都离不开学生的参与，因此教学方法的选择和运用会受到学生思想和心理状态的制约。不同专业和年级的学生，他们的认知兴趣、认知方式以及非认知因素的状态有所不同，适用的教学方式方法也不完全相同。因此，教学方法的运用必须充分考虑不同专业和年级学生的特点。

2. 教学目标的规定性。教学方法首先取决于教学目的。“教学方法是一种艺术的方法，是受各种目的明智地指引的行动方法。”①教学方法不是一种与教学目标无关或外在于教学目标的东西，恰恰相反，它只能在所教与所学的关联之中才能得到说明。正如斯莱文所定义的那样：“教师希望学生掌握的学习内容与学生实际的学习之间的联系称为教学或教学法。”②在思想政治理论课教学过程中，教师对教学方法的选择和运用，始终要受教学目标的制约，并以教学目标为指向。

3. 教学条件的制约性。方法的选择还受各种客观的教学条件的制约。这些条件主要包括教学场所的物理特性和心理与文化特性、教学设施状况、课堂规模以及其他客观条件。一定的方法需要相应的条件支持，离开了一定的条件支持，好的方法也会转化为糟糕的方法。因此，选择和运用一定的方法，首先必须创设必要的条件支持。

4. 教师自身因素的制约性。教学方法除了受到教学目标、教学内容、教学条件、学生心理等因素的制约以外，还受教师自身因素的制约。不同的教师，他们的知识水平、个性特质、教学专长以及教育教学的理论素养各不相同，这在很大程度上影响着教学方法的运用效果。例如，关于教学方法与教师学术水平的关系，顾钰民教授指出：“教学方法的运用要以学术水平为基础，没有学术水平，教学方法的运用就没有根基，没有拓展的空间。”③因此，教学方法的选择和使用必须充分结合自身的特征，扬长避短。否则，不仅不可能做到自然而然、得心应手，反而有可能使教学方法形式化。正如赫尔巴特所言：“但愿把任何矫揉造作的方式排斥于教学之外！无论提问还是讲授，无论诙谐还是慷慨激昂，无论是语言精练还是抑扬顿挫，一旦看上去是被作为任性的配料在应用，而不是出于客观事物与情绪的需要，那么这一切将会使人厌恶。”④

5. 学科内容的规定性。教学方法不仅具有教学目标的规定性，而且具有教学内容的规定性。“方法从来都不是某种材料之外的东西。方法不过是对材料进行有效处理。”“方法就是有指导地使学科内容朝着种种目标前进……方法就是为了某种目的而运用某种材料的有效方式。”材料的性质不同，人们在学习中对它的表征与操作方式就不同，相应地，教学方式方法也就不同。思想政治理论课教学的内容主要是陈述性知识，也包括组织这些内容的程序性知识。其中，有的偏重于理论逻辑，有的偏重于历史逻辑，还有的则偏重于生活逻辑和实践逻辑。因此，只有符合材料本身

---

① [美]杜威. 民主主义与教育[M]. 陶志琼，译. 北京：中国轻工业出版社，2014.

② [美]罗伯特·斯莱文. 吕红梅，姚梅林，等译. 教育心理学理论与实践[M]. 北京：人民邮电出版社，2016.

③ 顾钰民. 高校思想政治理论课教学方法研究[M]. 上海：复旦大学出版社，2012.

④ [德]赫尔巴特. 普通教育学[M]. 李其龙，译. 北京：人民教育出版社，2015.

的规定性，教学方法才能成为有效的方法。

总之，教学方法受多种因素的制约，这使得任何教学方法都不是绝对的。“教学有法，教无定法，贵在得法。好的教师的教学方法并不都一样，他们各有特点……恰当地运用教学的方式方法和教学手段，还取决于课程内容、课堂的规模和现代化教学条件，取决于学生的接受能力、学习习惯和思维定式。”①更重要的是，教师在学习和借鉴教学方法的同时，要善于把它转化为自己的教学技能，转化为自身独特的教学魅力，否则就会像赫尔巴特所说的那样：“一个人不得不接受别人的形式或者提供给他的外来形式越多，他就越来越变得不像他自己。我们并不隐晦，受教育越多，能想象的时间就越少；范例越多，自己的作品就越少。”其实，在思想政治理论课的教学过程中，方法是重要的，但更加重要的则是教师的教学信念，如帮助学生形成“认知—理解—认同”（政治认同、思想认同、情感认同）相统一的信念；帮助学生从掌握知识到形成方法，再到提升境界的信念；力求使知识性、思想性和艺术性相统一，努力使学生受到理论的熏陶和方法论的启迪。

三、高职院校思政课教学方法的分类

高职院校思想政治理论课程教学方法的类型，就是把众多的思想政治理论课程的教学方法按照一定的标准归属到一起，又按照某些不同的特点把它们区分开来，从而建立起高职院校思想政治理论课程教学方法的次序和系统。

（一）分类的必要性

对高职院校思想政治理论课程教学方法进行分类研究，具有非常重要的现实意义，这是因为分类的目的是为了设计、选择更有效的教学方法。

首先，对高职院校思想政治理论课程教学方法进行分类，有助于高职院校思想政治理论课程教学方法科学体系的建立。高职院校思想政治理论课程教学方法的分类，是以对每种具体的高职院校思想政治理论课程教学方法进行详细分析为前提的。具体来讲，就是将若干相同或相近的高职院校思想政治理论课程教学方法归为一类，而把各种不同的高职院校思想政治理论课程教学方法彼此区别开来，从而明确高职院校思想政治理论课程教学方法之间的关联和层次。由此，可以把原来繁杂散乱的高职院校思想政治理论课程教学方法置于一个井然有序的体系当中，形成一个有机体系，从而可以使各种各样的教学方法条理化、系统化。

其次，对高职院校思想政治理论课程教学方法进行分类，有助于教师准确有效地选择和运用思想政治理论课程教学方法，从而提高教学实效性。理论研究的最终目的是为实践服务的，有关高职院校思想政治理论课程教学方法的类型研究自然也

① 李卫红. 大力探索高校思想政治理论课教学方法改革[J]. 中国高等教育，2014(1)：4-6.

不例外。高职院校思想政治理论课程教学方法一经恰当分类，并建立起一定的体系，就使各种具体教学方法的特点、功能及其在整个思想政治理论课程教学方法体系中的地位一目了然。这样，不仅有利于教师从整体上把握各类思想政治理论课程的教学方法，还可以使教师根据教学目标的需要以及其自身的实际情况，选择能够有效地提高思想政治理论课程教学质量的教学方法。

最后，对高职院校思想政治理论课程教学方法进行分类，有助于完善高职院校思想政治理论课程教学论体系。高职院校思想政治理论课程教学方法是高校思想政治理论课程教学论的重要组成部分。高校思想政治理论课程教学论涉及高校思想政治理论课程的教学过程、教学原则、教学手段、教学组织形式、教学效果、教学评价、教学主体、教学客体、课程理论、教学方法等。对高校思想政治理论课程教学方法的分类研究，有助于高职院校思想政治理论课程教学论能更好地去关注教学生活，深入教学生活中去感悟、反思，使高职院校思想政治理论课程教学论走出纯主观的思辨状态。

（二）分类的依据

思想政治理论课程教学方法的分类必须具有一定的标准或依据，即必须根据思想政治理论课程教学方法的某些属性、某些特点来进行分类。同时，由于教学方法分类的最大的困难是弄清分类的理论基础，所以，虽然许多人都主张对教学方法进行分类，但由于思想政治理论课程教学方法本身的复杂性和多样性，不同的思想政治理论课程教学方法之间也存在着千丝万缕的联系，并且分类者所提出的分类标准、依据也不尽相同，致使思想政治理论课程教学方法的分类难以趋于统一，分类比较混乱。

就目前高校思想政治理论课程教学方法分类研究的情况来看，主要有以下几种分类。

第一，根据高职院校思想政治理论课程教学方法的适用范围进行分类，可以分为一般教学方法和具体教学方法（又称为“个别教学方法”）。所谓“一般教学方法”是指适用于高职院校思想政治理论课程教学活动的教学方法，主要包括理论联系实际教学法、讲授启发教学法、寓情于理教学法等。所谓“具体教学方法”是指在高校思想政治理论课程教学活动中，针对具体的教学环节所采取的方式、方法和手段。其优点在于它的个性和特殊性，它能够做到具体问题具体分析、有的放矢、“对症下药”，这有助于最大限度地实现教学目标，有助于完成教学任务，有助于增强教学实效性。但是，具体教学方法也存在着不足，它适用范围窄，使用有限。

将高职院校思想政治理论课程教学方法分为一般教学方法和具体教学方法，有利于我们从整体上把握思想政治理论课程教学方法的功能和作用。但是，要使教师能更好地选择和运用它们，还需要结合具体的教学内容对其做详细阐述。

第二，根据高职院校思想政治理论课程教学方法的外部形态，以及在这种形态下学生认识教学活动的特点，可以分为如下几类：① 以传递和感知知识信息的来源，可分为口述法、讲述法、谈话法、讲演法、直观法、实践法、图示法;② 以传递和感知知识信息的逻辑,可分为归纳法、演绎法;③ 以学生掌握知识时思维的独立性程度,可分为复现法、问题探索法;④ 以对教学活动的控制程度,可分为在教师指导下的学习、学生独立学习、阅读书籍、书面作业等方法;⑤ 以激发学生学习的兴趣,可分为学习辩论、创造道德情绪情境等方法;⑥ 以激发学生的学习义务感和责任心,可分为说明学习的意义、提出要求、履行要求的练习、表扬和批评等方法;⑦ 以口头检查和自我检查,可分为个别提问、全班提问、口头考查、口头考试等方法;⑧ 以书面检查和自我检查,可分为考查性书面作业、书面考查、书面考试等方法。

第三,根据学生获得思想政治理论课程知识的途径,大体上可以分为语言的方法和实践的方法。

语言的方法主要是指教师口头语言和书面语言的运用。教师口头语言的运用主要包括讲述法、讲解法、谈话法、朗读法等;教师书面语言的运用主要包括板书、笔记的运用,教材、教学参考书的运用等。实践的方法主要是指课外实践,如参观访问、调查研究等。

综上所述,对高职院校思想政治理论课程教学方法的分类,其目的不仅仅在于明确教学方法这一概念的外延,还在于根据高职院校思想政治理论课程教学方法的类型,为不同的教学内容、不同的学习阶段选择合理有效的教学方法组合,从而更好地提高高职院校思想政治理论课程的教学实效性。但是,要将理论运用到实践,并更好地指导实践,必须运用系统的整体观点,综合考虑其间诸多的影响因素,否则就很难达到理想的效果。

四、高职院校思政课教学方法的选择

高职院校思想政治理论课程教学方法的选择与运用,直接关系到教学效果与质量。教学方法的选择不是随意的,它是在一定的教学目标和教学内容的前提下进行的,不仅要遵循 定的原则,还要考虑到影响教学方法选择的因素。

(一) 选择的原则

根据高职院校思想政治理论课程教学方法的特点及其在实践中的运用情况,我们提出了选择高职院校思想政治理论课程教学方法所要遵循的主要原则有如下几种。

1. 直观性原则。教师在教学活动过程中,要结合教材内容,充分运用图标、图画、实物等直观教学手段,以及运用多媒体设备等,变平面式教学为立体式、现代化教学。这样,才有利于充分调动学生的学习兴趣,提高课堂教学效率,增强课堂教学效果。高职院校思想政治理论课程教学方法的选择之所以遵循直观性这一原则,是由教学方法的本身属性决定的。在日常教学活动过程中,最实用的直观教学方法就是讲授教学法，而讲授教学法所依据的主要教学手段则是板书和语言。布局合理、字迹规范的板书和准确、流利、生动的语言在强化学生记忆的同时，可使学生获得美的享受。直观性的教学方法还有助于调动学生的多种感官和已有的经验，使学生在获得生动的表象的基础上，进行抽象思维，从而掌握理性知识。

2. 民主化原则。高职院校思想政治理论课程教学更应讲民主，这是由高职院校思想政治理论课程具有情境性、审美性这一特点和人文性这一本质所决定的。高职院校思想政治理论课程的教学目的在于培养德、智、体、美、劳全面发展的人，因而，教师选择和应用教学方法时，要遵循“民主化”原则，要树立民主化的教学思想，要把自己视为学生学习的引导者、伙伴和朋友，要与学生平等相处，尊重学生的个性，发展他们的个性。在教学过程中，教师应“与学生真诚地沟通，尊重学生的人格，营造民主、平等、开放的氛围，即使遇到有的学生讲‘怪话’、唱‘反调’，说一些过激的言论，也不要指责，这正是他们自我意识的反映、思想困惑的折射，对此只能采取疏导的方式”[①]，而不是成为课堂教学的主宰，成为学生的“警察”，只满足于“专制”和一味地“满堂灌”，满足于“师道尊严”，这会使学生的学习没有积极性、主动性、创造性，更谈不上学习的自觉性，这样的教学培养出来的学生听话、守规矩，但没有个性，更没有创造性，这样的教学是违背初衷的。

高职院校思想政治理论课程教学讲究入情、入境，追求美感、愉悦，最终希望达到内化为知，外化为行。因此，它要求教育者与受教育者平等相处，形成和谐、宽松、活泼的课堂气氛，只有这样，高校思想政治理论课程教学才能真正做到潜移默化、熏陶感染。当年辽宁省盘锦市的魏书生打出“科学”“民主”的口号进行教学改革，取得了令人瞩目的成就，值得我们深深思索。民主化原则，要求教师具有尊重学生的独立人格，树立为学生服务的思想。“没有独立的人格，也就失去了作为人的根本特性，更谈不上自由的创造性和德性。”[②]学生是学习的“主人”，他们享有学习的主动权利。因此，教师在选择和运用教学方法时只有遵循民主化原则，才能调动学生由被动学习转为主动学习。也只有这样才能真正学好高校思想政治理论课程，这是不争的事实。因此，在选择和应用教学方法时，我们提倡师生共同协商、共同参与、平等相处，反对“师道尊严”。课堂上要求教师态度温和、语言幽默、方法灵活、手段多样，提倡使用富有现代化民主思想的问题教学法、谈话法、讨论法、辩论法等教学方法。遵循民主化原则，为高职院校思想政治理论课程的教学方法指明了方向，成为高职院校思想政治理论课程教学的指南。

3. 启发性原则。遵循启发性原则，其最终的目的和归宿是培养学生高尚的思想道德品质和良好的行为习惯。高职院校思想政治理论课程的教学方法之所以要坚持启发性原则，主要是由于在教学过程中，启发性原则体现了以学生为主体、教师为

① 孙居涛. 正确处理思想政治理论课教学的几个关系[J]. 思想理论教育研究，2005(1).

② 邓志伟. 个性化教学论[M]. 上海：上海教育出版社，2002.

主导的指导思想。只有充分意识到这一点，才能充分调动学生学习的主动性、积极性和自觉性，发展学生的思维能力。如果忽视这一原则的贯彻，属于社会科学的这门课程教学很可能成为教师的“一言堂”，学生处于被动机械的记忆状态，这样培养出来的学生也不过是死记硬背的“书呆子”，是社会所不需要的。

高职院校思想政治理论课程教学的对象是在校本、专科学生，这些学生已具有一定的高校思想政治理论课程知识储备，再结合教师已讲解的知识，能够分析社会上的某些现象，所以教师在选择教学方法过程中，可采取启发性教学，在课堂上要留给学生施展自己思想、才华的空间，让教学方法具有“不愤不启，不悱不发”的作用，激发学生的求知欲，使学生对已学过的课程有种成就感，从而增强学习兴趣，养成勤于思考和善于思考的习惯。

4. 整体性原则。整体性原则反映的是方法的存在、运动和发展的客观规律，揭示了方法存在的普遍形式和一般特点。它要求我们从联系实际的角度考察高职院校思想政治理论课程的教学方法，用整体的观点来对待高职院校思想政治理论课程教学方法的选择问题。高职院校思想政治理论课程教学方法有很多种，虽然每种教学方法具有不同的功能和作用，但是它们的目标是一致的，即达到预期的教学效果，从这一层意义上看，高职院校思想政治理论课程教学方法的选择应遵循整体性原则。

5. 耦合原则。在高职院校思想政治理论课程教学过程中，教学方法的选择与运用能否做到教师与学生、教与学、教法与学法的辩证统一，有机结合是高职院校思想政治理论课程教学成功与否的关键。耦合就是有机结合、辩证统一，相互支持、相互促进的意思。凡是在耦合状态下的教学，教师教得得心应手，学生学得生动活泼；教师传知、导思、授法三管齐下，学生手脑并用、学思结合；教学气氛活泼热烈，教学过程严谨有序，这就是耦合原则。它是高职院校思想政治理论课程教学方法所应追求的最高境界。

高职院校思想政治理论课程的教学方法应遵循耦合原则，这是当前高职院校思想政治理论课程教学现状的需要。因为当前的高职院校思想政治理论课程的教学方法过多地强调教师的作用，过分地重视教的过程，而且教学方法也是根据教师如何教得方便来设计、选择和运用的。学生的作用和地位，学的过程的重要性、学生如何学、如何才能学好等问题则较少受到关注。这样一来，学生就必须而且也只能消极地跟着教师的教学方法转。很难在思想、情感、教与学的活动等方面相互统一起来，这是造成教学效果不好的重要原因之一。要改变这种状况，提出高职院校思想政治理论课程教学方法的选择要遵循耦合原则是必须的，也是必要的。

（二）影响选择的因素

高职院校思想政治理论课程教学方法的理论，“既要研究教学方法的本质和结构，也要研究它的分类，还要研究教学方法的选择问题。换句话说，要帮助教师在思想上明确：在什么情况下选择什么样的教学方法以及怎样进行选择。”而巴班斯基则认为，影响教学方法选择的因素主要有如下六点：教学规律以及由此引申出的教学原则、教学目的和教学任务、该门学科的内容及方法、学生学习的可能性、外部条件的特征、教师本身的可能性。结合高职院校思想政治理论课程本身的特点，从具体的课堂教学实践出发，我们认为影响高职院校思想政治理论课程教学方法选择的因素主要有以下几个方面。

1. 教学目标因素。高职院校思想政治理论课程的教学目标是高职院校思想政治理论课程课堂教学的指针，它明确指出了某一节课、某一学期、某一学年应该完成的教学指标，所以教师在选择高职院校思想政治理论课程教学方法时，必须考虑哪些教学方法更适合达到教学目标，必须考虑不同的教学目标应该与不同的教学方法相匹配。如教学目标中要求学生达到知识水平，教师一般可选择“言语呈现法”或“直观呈现法”；如教学目标中要求学生达到理解水平，教师可选择“直观呈现法”或“以教师指导为主的教学方法”；如教学目标中要求学生独立思考，教师则可以选择“教师指导下的学习、学生独立学习、阅读书籍、书面作业”等教学方法。

可见，不同的教学目标，不仅要求学生有不同的思维方式与之相适应，而且要求学生用不同的行为活动来实现。同时，学生的这种不同的思维方式又影响教师必须运用不同的引导方式来帮助学生达到目标。所以说，教学目标是高职院校思想政治理论课程教学方法选择的重要影响因素之一。

2. 教学环境因素。高职院校思想政治理论课程教学环境是一个由多种要素构成的复杂的系统，它对学生学习过程中的认知、情感和行为产生着潜在的影响，对教学活动的进程和效果施加系统的干预。可以说，高职院校思想政治理论课程教学环境的优劣在某种程度上不仅决定着教学活动的成效，而且影响着教学方法的选择。如教学环境中的课桌椅、电化教学设备、人际关系、课堂心理气氛等，一方面能影响教学活动参与者的心理和行为，另一方面也能改变教学的方式和方法。

高职院校思想政治理论课程教学环境主要是指课堂教学环境，因为教学方法的实施主要是在课堂教学过程中得到实现的。课堂教学是教师、学生和教学情境三者之间相互作用的活动过程。课堂教学环境主要是由教师的教风、学生的学风、教室中的物质和物理环境等因素所构成的。其中，教师教风中的教学思想、教学态度、教学能力、教学风格、治学精神、管理方式、道德品质，学生学风中的学习态度、道德品质和行为、组织纪律性、团结协作、尊敬师长、关心同学、热爱集体、自学互学、勤学乐学，教室中的物质和物理环境等因素是影响教学方法选择的主要因素。在通常情况下，如果选择教学方法能够较好地考虑到上述因素，就会使课堂教学气氛融洽，师生配合默契，生生关系融洽，教学效果显著。可见，教学环境是影响高校思想政治理论课程教学方法选择的又一重要因素。

3. 教学手段因素。高职院校思想政治理论课程的教学手段是高校思想政治理论课程教学的媒介，是联结教材、教师、学生的纽带，尤其是其中的直观教学手段，它的完备性、清晰性、新颖性、智力性、教育性等都影响着高职院校思想政治理论课程教学方法的选择。教师可以根据需要,充分利用电脑、投影仪、多媒体、互联网、数字音像等现代化的教学手段,进行直观教学。

教学手段不仅能提高课堂教学效果,而且还能使课堂教学延伸到课外,这为搞好高职院校思想政治理论课程教学创造了良好的外部环境。例如,可以积极利用校园网络,在校园网上建立高职院校思想政治理论课程教学的学习园地,将课前预习要求、预习过程中所应注意的问题、教学大纲和电子教案等在网络上发布,供学生参考;可以利用校园网和学生进行交流,教师和学生可以通过电子邮件来交流学习、生活中的想法和感受,可以拉近师生间的距离。可见,正确运用教学手段,不仅能激发学生的学习热情,引导学生积极主动地学习,还能培养学生的自学能力。这种做法彻底改变了课堂教学活动中教师主动、学生被动的局面,使之成为教师与学生互动的重要纽带。

4. 教师因素。高职院校是高校思想政治理论课程教学方法主要的、具体的实施者。高职院校思想政治理论课程教师的教学态度、教学能力、知识结构对高职院校思想政治理论课程教学方法的选择是一个不可忽视的影响因素。在每次选择教学方法时,教师对自己要有充分的估计,分析自己在教学上的长处和优势,充分发挥和利用教学方法。如有的教师语言表达能力较强,则应多采用言语呈现法;有的教师擅长采用图示呈现教学内容,则应多采用直观呈现法;有的教师逻辑思维能力较强,则应多采用归纳法、演绎法等。教师在分析自身优势的同时,也必须看到自己的劣势和不足,并努力克服它,使自己的薄弱环节尽快得到提高和完善。此外,教师在选择教学方法时,也要考虑到运用这种或那种教学方法所需要的时间。“大家知道,有些方法(如问题教学、归纳法)要求比其他方法(如再现法、演绎法等)多耗费时间。因而,教师有时不得不采取安全的方式,放弃当初所选定的一套方法,为的是在限定时间内如期完成任务。”

5. 学生因素。高职院校思想政治理论课程的教学方法最终是在学生身上得到具体实施的。衡量高校思想政治理论课程的教学方法优劣的主要标准,就是看高职院校思想政治理论课程的教学方法是否符合学生的年龄特征,是否适应学生的智力水平,能否调动学生学习的兴趣,能否充分激发学生学习的潜能等。从这一角度来看,学生是影响高校思想政治理论课程教学方法选择的又一个重要因素。

但是,学生对高校思想政治理论课程教学方法选择的影响,不仅表现在学生的学习态度、学习准备、智力水平、年龄特征等方面,而且更主要的是表现在学生学习高职院校思想政治理论课程的学习特点方面。

众所周知,高职院校思想政治理论课程集科学认识功能和价值导向功能于一体,它是科学理论与意识形态的辩证统一,是知识教育与素质教育的辩证统一。因而,其内容必然带有极明显的教育性、理论性、抽象性等特征。高职院校思想政治理论课程自身的这种特点,给学生学习它的内容带来了很大困难,他们无法亲身体会、感受,也不能直接观察和实验(如马克思主义哲学、政治经济学等),所以只能借助国际、国内、社会、家庭、校内、校外的政治、经济、文化、生活等事实来推想书本上的理论，这是高校思想政治理论课程的学习特点。因此，教师在选择教学方法时，一定要考虑到这一特点，争取做到理论联系实际，恰当地运用分析与综合这种思维方法。

（三）选择的方法

教学方法的选择是一个复杂的过程，对于高职院校思想政治理论课教学来说，其选择方法主要涉及以下几个方面。

1. 分析教学内容。教学内容的分析是选择教学方法的一个重要环节。它将影响教师对教材的把握，直接影响对学生学习水平的确定和教学目标、学习目标的陈述，以及教学媒体的选择等后面的各个工作环节。一般来说，对教学内容的分析可以从三个方面进行：一是建构教材内容的知识体系；二是确定知识点；三是确定教学内容的重点和难点。如果完成此三项工作，就为目标的确定打下了坚实的基础。

2. 确定教学目标。教学目标是教师和学生从事教学活动的指南和出发点，同时也是评价教与学的依据。可以说，教学目标是影响教学方法选择的重要因素之一。在确定目标时，首先，教师应该注意的是在教学中目标不同，目标的层次水平不同，所选择的方法也应不同。其次，从学生的主体性出发，不但教师应该有教学目标，学生也应该有学习目标。教学目标和学习目标作用于两个完全不同的过程，服务于两个不同的主体。最后，在制定目标时，应该全面考虑认知、情感和动作技能领域的目标。

3. 用好教学资源。教师进行教学方法的选择，应该考虑当地或本校教学条件的可能性，要充分地分析、挖掘、利用、整合各种教学资源，使某些教学资源由潜在状态上升到显性状态，服务于教学方法选择的需要。

4. 确定教学组织形式。教学活动是通过一定的组织形式实现的。为了实现教学目标，怎样把一定的教学内容教给学生，怎样组织好教学活动，怎样有效地安排教学时间、利用空间，怎样发挥教学媒体的作用等，这些都是教学组织形式要解决的问题。任何教学方法最终都将集结、具体落实到一定的组织形式之中。在课堂教学中，可以分为三个基本形式：集体教学、小组教学和个别指导。能够选用合适而有效的教学组织形式，是教师重要的教学技巧之一。需要注意的是，不存在唯一的、万能的教学组织形式。集体教学、小组教学和个别教学之间互有长短，各有作用。为了系统、全面地达到教学目标，有必要将三种教学组织形式有机地组合起来并加以使用。

5. 了解学生的特征。教学方法的选择须以学生的基本特征为前提。如果忽视学生的特征分析，那么所选择的教学方法常常不能达到预期的成效。分析学生特征一般可从三个方面入手：一是了解学生的一般特征，主要是指学生的心理、生理和社会的特点；二是了解学生的起始能力，主要是分析学生从事特定学科内容学习的准备状态，即已经具备的有关知识与技能的基础，以及对学习内容的态度；三是了解学生的学习风格，学习风格是指让学生感知不同刺激，并对不同刺激做出反应这两个方面产生影响的所有心理特征。

6. 了解教师自身的特征。教师自身的特征是选择教学方法的主观条件。教师在教学中表现出来的不同特征，从另一个方面影响着教学方法的选择。教师是教学方法的主要策划者，而教师的个性是各不相同的，这些不同点主要包括教育教学观念、教育与学习理论知识的储备、语言表达能力、教学研究能力、媒体应用能力、教学经验与教学风格，等等。很显然，教师在选择教学方法时须充分考虑这些因素。只有符合教师自身的条件，能为教师所掌握的教学方法才能发挥良好的作用。有的方法虽好，如果教师缺乏必要的条件，无法驾驭，那也无济于事。

7. 选择适宜的教学媒体。教学媒体的选择，是选择教学方法时需要认真思考的一个重要问题，特别是在现代信息社会的条件下教学，新的教学媒体层出不穷，功能也越来越丰富，媒体选择的成功与否会直接影响到教学效果的高低。

在选择教学媒体时，应该考虑以下三个标准：① 适合度——教学媒体是否适合于特定的教学内容；② 难易度——教学媒体是否适合学习者的智力水平、知识水平等；③ 经济性——使用媒体时，学习的效率与所付出的代价是否合适。很显然，在进行媒体选择时，并不是越现代的媒体越好，也不是越昂贵的媒体越好，而是应该根据各个教学要素的不同情况，选择合适的教学媒体。同时，应该重视多种媒体的组合教学，根据教学内容和教学目标的需要以及各种媒体的特性，扬长避短、互为补充、有机地选择教学媒体，充分发挥整体功能大于各个部分之和的作用，从而达到教学过程的优化。

五、高职院校思政课理论教学的主要方法及应用

（一）讲授教学法及其应用策略

1. 讲授教学法的概念。讲授法是一种直接教学，是教师通过口头语言行为向学生系统传授知识，并促进学生情感和思想品德发展的教学方法。讲授法“是这样一种课堂教学，即教师直接将信息传递给学生，并有效地分配课堂时间，以尽可能高效地实现一系列明确界定的目标。直接教学尤其适用于教授那些学生必须掌握的、定义明确的信息或技能”。讲授法是思想政治理论课教学中最主要的教学方法，几乎任何一种教学模式和教学方法都包含讲授法。由于讲授法的特殊重要性，许多教学理论家都明确提出了运用讲授法的系列教学策略和规范。我们还可以从前述各种教学理论中吸取讲授法的一般教学策略。

讲授法主要有讲读、讲述、讲解、讲评等不同形式。其中，讲读是讲和读的结合；讲述是介绍学习材料、叙述事物变化发展的过程等；讲解是对概念、原理、规律进行分析、解释或论证等；讲评主要是对理论和原理以及对学生的学习过程和结果进行评价。讲读、讲述、讲解和讲评的区分是相对的，实际上它们之间相互联系。

2. 讲授教学法的一般步骤。综合赫尔巴特的“四步教学法”、杜威的“五步教学

法”以及相关教学理论，运用讲授法一般要遵循以下步骤：① 组织教学，简明地阐述学习目标，集中学生注意力，激发其学习心向；② 扼要地回顾和复习先前学习的相关知识，激活学生相关的背景知识，逻辑地提出新的学习内容，可以运用前后知识衔接、创设疑难情境、运用案例典故等方式引入新课；③ 讲解新知识，根据学生学习的状态调整教学节奏；④ 围绕教学内容简要讨论并回答学生提问；⑤ 课时教学小结，提出需要思考的问题或将要学习的内容。

3. 讲授教学法的内容与策略。

(1) 讲授法的内容要求。讲授法最重要的要求是对讲授内容本身的要求。讲授内容和内容的呈现要有条理性，切忌缺乏关联性和逻辑性、杂乱无章；要突出基本性和基础性，分清哪些是“主食”，哪些是“辅料”，“辅料”要为“主食”服务，不能“辅料”太多而“主食”只是简单带过；要突出导向性，案例和例证要为讲授服务，切忌“跑偏”；案例和例证要富于典型性、教育性和启发性；还要注重讲授内容的整体性，善于将知识从横向到纵向贯通起来，避免讲授内容的孤立化和碎片化。

(2) 讲授法的策略要求。有效运用讲授法，需要认真研究和思考如何讲授的问题。许多教师认为，自己讲了十几年甚至几十年，怎样讲授已经不成问题了。其实，讲授法需要有效的策略，是否善于运用有效策略是影响讲授法效果的重要因素。比如，要“根据教学内容的主次、难易、顺序和系统而采取精讲、细讲、先讲、后讲、重讲、串讲、略讲或不讲。重点内容精讲，难点内容细讲，破题内容先讲，结论内容后讲，系统内容经常串讲，次要内容略讲，易懂内容不讲。讲课时应留有余地，耐人寻味，要启发学生积极思考，‘道而弗牵’‘开而弗达’，学生思维随着教师的讲课而紧张活动，兴趣盎然，注意集中，情绪活跃，学习主动积极，卓有成效”。再如，强化所学知识与学生已有知识的联系、课程内部知识与其他课程知识的联系；由抽象引入到具体例证和分析，再到总结，或由具体列举引入到分析概括，再到总结；适当运用视觉辅助；有条理地呈现材料，控制单位时间内的合理信息容量等，都是讲授法的重要策略。

4. 讲授教学法的注意事项。口头语言行为是讲授法的核心要素。语言要清晰流畅、准确精练、条理清楚，讲授的音量和速度要适度，抑扬顿挫，要根据学生的专注程度有意识地调节。要辅之以眼神、手势、姿态和面部表情，提高语言的感染力。要认知自身可能存在的下意识动作，如搔头摸耳、眼睛望窗外或天花板、摆弄粉笔，以及口头禅和无意义重复等，并努力克服。讲授过程中，教师要关注学生的反应，避免语速过快(或过慢)、音量过大(或过小)，以及平淡拖沓、心不在焉。在非言语行为方面，关键是要使学生感知教师对知识和真理的热爱、对教学的热爱以及对学生的热爱。这就要求教师在讲授时，心中要有学生，要注重教态和教师仪表，要饱含教学热情。

(二) 讨论教学法及其应用策略

1. 讨论教学法的概念。讨论教学法是以讨论为核心组织教学活动的教学法。

它是在教师的组织和引导下,学生通过语言交流达到预期教学目标的一种教学方法。这种教学法由来已久,早在古希腊时期以及我国春秋战国时期就已被关注并应用。亚里士多德是古希腊的哲学家、思想家、科学家和教育家。他认为"求知是人类的本性",而一种充满合作性的宽松的学校氛围,能激发人的求知本性,有利于人的潜能的发挥。古罗马教育家昆体良在公元1世纪就提出了学生可以从互教中受益的见解,他始终强调一个观点:大家一起学习,可以互相激励,促进学习。捷克教育家夸美纽斯指出,学生们不仅可以从教师的教学中获得知识,还可以通过别的学生获得知识。可见,讨论教学在教学中是较早受到关注的一种教学法,同时也是运用较为广泛的教学法。这种方法以讨论为主要教学方式,通过设计讨论问题、引导讨论开展、汇总讨论收获、延伸讨论成效等环节,促使学生在相互合作中探讨并掌握知识。

2. 讨论教学法的一般步骤。讨论教学在运用中,一般要涉及以下几个步骤:第一,确定讨论目标,对目标的确定,既要考虑知识上的要求,又要考虑社会技巧上的要求;第二,选择讨论内容,讨论的问题一般说来应该是有分歧的、是学生通过个人的努力在短时间内难以完成的、与教学的重难点有关的、带有一定开放性的;第三,根据教学要求进行合理分组,从教学实际出发,围绕讨论目标,对学生进行混合、固定或其他形式的分组;第四,明确讨论形式,讨论可以采用开放或半开放等不同形式,但要根据实际加以选用;第五,组织实施讨论,教师将学生分成不同小组,按照预先的设计组织学生进行讨论;第六,概括总结,教师引导学生对讨论中的不同认识进行归纳与梳理,并形成正确的看法和结论,同时认识在讨论中蕴含的思维方式等。

3. 讨论教学法的注意事项。讨论教学在应用中,要考虑学生的接受水平,事先要做好充分准备,要设想学生可能出现的不同情况及解决策略,要注意讨论时间的掌握,注意讨论进程的调控,选择的问题要能切实引发学生的讨论兴趣。

(二)问答教学法及其应用策略

1. 问答教学法的概念。问答法或谈话法是通过师生问答、对话等形式来展开学习和探究的一种教学方法,一般与讲授法同时运用,也可独立运用。问答法有助于通过师生互动来激发学生思维,培养其独立思考的能力和言语交往的能力,是思想政治理论课教学广泛运用的方法。

运用问答法主要是为了深化学生对问题的思考和探究,同时也是为了评估学生对教学内容的掌握情况。一般不宜将问答法作为课堂管理的一种手段,比如,用偏深奥的问题来考问没有专注听课的学生,或用问答方法来检查学生课堂出勤情况等。问答法强调师生双方围绕一个问题层层深入地探究,其目标指向是学生对问题的理解而不是管理学生。同时,要让学生体会到教师运用问答法的动机的真诚性,否则,问答法就会失去其作为教学方法的意义。

2. 问答教学法的一般步骤。问答教学法在运用中的一般步骤:一是设计问答计划,问题要明确、有挑战性。二是开展问答教学。教师要善问,要设计从一个问题过渡到另一个问题的策略，提问、设问、追问、反问等要注重激活和深化学生的思考；要注重启发诱导，揭示问题的关键和本质所在，提示分析问题的可能视角。三是问答总结。要概括问题的实质，梳理回答问题的视角，归纳和分析对问题的各种观点，启发进一步思考的路向。

3. 问答教学法的注意事项。运用问答法要避免两种倾向：一种倾向是教师居高临下，对学生不愿意或不会回答的情况一味责备，不能容忍学生回答错误，不能容忍学生同教师有不同的意见等；另一种倾向是把问答法形式主义化，片面理解和追求课堂活跃度、学生参与度或"抬头率"等，用简单低级的问题，一问一答机械地进行，浮于表面的"热闹"或"表演"，没有学生的专注和审思，没有师生间的深度对话和交流。真正意义上的教学互动、学生专注和参与，不是表面的"热闹"，而是理智和情感的投入以及思索过程中的热情与陶醉。

（四）自主学习法及其应用策略

1. 自主学习法的概念。对自主学习法，很难给出一个严谨的界定，一般来说，它是一种以学习者为中心的教学方法，在这种教学方法中，学习者可以对自己的学习活动进行事先计划和安排，对自己的学习过程进行调节、修正和控制，对自己的学习结果进行监察、评价、反馈。它是一种独立的学习、主动的学习、元认知监控的学习。

自主学习不能等同于自学。两者最明显的区别是自主学习存在于学校情境，是在教学条件下进行的，是以班级上课制为组织形式的，而自学常与"教学"无关。此外，两者在动机、方法、时间、效果、指导等方面，也有着较大差异。

罗杰斯倡导的"非指导性教学"，是自主学习的重要理论依据。这种教学理论以罗杰斯的人本主义心理学为基础，为自主学习提供了理论支撑，使自主学习从传统的"指导教学"中分离出来，成为一种相对独立的教学方法。

2. 自主学习法的一般步骤。很难确定自主学习法通用的教学步骤，大体上包括引发动机、学生自主确立学习目标与计划、实施自主学习、自主评价学习效果、教师引导概括总结几个环节。对这几个环节，要注意在教学中灵活应用。

3. 自主学习法的注意事项。教师在应用自主学习法进行教学时，需注意为学生创设良好的课堂环境，为学生提供合适的学习材料，营造良好的课堂心理氛围，根据不同学生的不同情况采取多种指导方式，鼓励学生参与课堂管理。

（五）合作学习法及其应用策略

1. 合作学习法的概念。合作学习法是近年来受到国内外教育界广为关注的一种教学方法，美国著名的合作学习研究专家约翰逊兄弟甚至认为，"如果学生不能够把所学的知识和技能运用于与他人的合作性互动之中的话，那么这些知识和技能都是无用的……这种教育是失败的"。美国科学家朱克曼在对诺贝尔奖获得者的研究方式进行调查时发现，在诺贝尔奖设立的头 25 年，合作研究获奖人数占 41%；在第二个25年，这一比例上升至65%；在第三个25年，则高达75%。这一趋势说明，当今高科技发展涉及学科门类越来越多，要解决的问题越来越复杂，往往带有综合性，个人的力量总是有限的，必须要通过高水平的集体去攻克科学上的一个又一个堡垒，才能不断取得新的突破。虽然合作学习受到广泛的关注，但对合作学习的界定似乎远未达成一致。一般说来，合作学习是一种共同协作的学习方式，它以小组合作为基本形式，通过小组成员围绕共同目标彼此进行合作，从而促进学生的发展。

合作学习是合作的一种特殊表现形式，它是以学生之间、师生之间的互动合作为特征，以小组学习为主要手段，使学生围绕共同目标开展协作学习活动的教学方法。它突出强调以下几点：① 强调共同目标，为共同完成某一目标或实现共同利益而合作；② 强调合作个体间的相互配合和协调，只有依靠个体间的配合和协调才能实现共同目标，那种缺乏个体间配合和协作的共同工作，并不是真正意义上的合作；③ 强调个体目标和群体目标的同一性。合作中，在实现共同目标的基础上使个人目标也得以实现，因此在获得共同利益的同时就意味着个人利益的满足。

2. 合作学习法的一般步骤。在实际运用中，教师需要注意把握以下基本操作环节：一是精心进行教学设计，对合作学习目的、内容、方式等做较为周密的预设；二是可以依据学生的年龄、性别、学习能力、知识水平和技能等合理划分学习小组；三是明确各成员任务分工，各尽其职；四是各小组按照预先布置的学习任务，进行讨论、探索，教师深入参与小组活动，充当"咨询人"和"参与者"的角色；五是在学生进行小组交流的基础上，教师可进一步进行归纳讲解。

3. 合作学习法的注意事项。在合作学习中，教师还应该注意引导学生认识合作学习的意义，激发学生参与合作学习的热情；注意选择适宜进行合作学习的课题，对学生进行合理分工，让每个学生围绕同一个目标做不同的事情，在"共同""不同"的合作过程中，提高学习效率。根据实际情况，确定合适的合作方法，要注意给学生留有充足的学习时间，要注意深入小组，了解学生合作学习的情况，并及时加以指导和调控。

（六）范例教学法及其应用策略

1. 范例教学法的概念。范例教学法更多地属于一种教学理论流派或教学模式。之所以在这里对其加以阐释，是因为它对于思想政治理论课教学具有重要的方法论启示。范例教学法是指教师在教学中选择最基础和最本质的知识作为范例，通过范例的讲授达到举一反三的效果。其代表人物是德国教育家瓦根舍因、施滕策尔和克拉夫基等。"范例"源于拉丁语"Exemplum"，即"好的例子""典型的例子""特别清楚的例子"。它强调，人既没有必要也没有可能毫无遗漏地掌握一个学科或一门课程的所有知识，教学主要不是面面俱到地传授具体的知识，不是要让学生掌握大量细枝末节的材料，而是要传授知识体系的"范例"，即本质性、结构性和规律性的知识。通过范例教学，可以有效解决海量知识信息与较少教学时数之间的矛盾，更重要的是有利于帮助学生通过掌握范例来理解知识体系，并学会学习。

范例的选择要遵循基本性、基础性和范例性这三个原则。基本性原则是指教学内容要体现学科和课程的基本知识结构和规律，如基本概念、基本知识、基本原理、基本规律等；基础性原则是指教学内容是以学生的基本经验和发展水平为基础，与学生的生活经验有内在联系，能够激发学生心灵和照亮学生精神世界的知识；范例性原则是指教学内容能够成为沟通学科知识结构与学生思维结构的桥梁，是具有代表性、典型性和启发性的知识。

2. 范例教学法的一般步骤。施滕策尔提出，范例教学有四个基本步骤：一是范例性地学习“个”，即通过典型的和具体的个别实例来阐明事物的特征；二是范例性地学习“类”，即由个案出发，探讨“类”现象，把握“类”特征；三是范例性地掌握规律和范畴的关系，揭示“类”现象和“类”特征背后的规律性；四是范例性地获得关于世界和自身生活的经验，教学重点从客观知识传授转向理解自身精神世界，把科学知识转变为自己的经验。施滕策尔主张，范例教学过程的精髓是，由“个别”上升到“一般”，把个别知识的学习与系统知识的学习联系起来；由客观转变为主观，把客观知识内化为学生精神世界的元素，实现教学与教育的统一。

3. 范例教学法的实施要点。克拉夫基认为，教师要对教学内容做五个方面的分析，这是实施范例教学法的关键着力点。这五个方面的分析如下：① 基本原理分析，即分析本范例讲授涉及哪些具有普遍意义的知识，可以使学生掌握哪些基本原理和基本方法；② 智力作用分析，即分析本范例教学所涉及的基本知识、基本原理和基本方法对于发展学生的认识能力有什么作用，通过分析来明确教学重点；③ 未来意义分析，即分析本范例讲授对学生今后的生活有什么作用，采取什么措施帮助学生认识这些范例知识对于他们未来生活的意义；④ 教学内容结构分析，即分析本范例在整个教学内容体系中的位置，以及范例的要素及其层次、教学难点和重点等；⑤ 内容特点分析，即分析本范例在形式、内容、性质等方面有哪些特点，运用哪些有效手段激发学生的兴趣，达到教学目标。

（七）探究式学习法及其应用策略

1. 探究式学习法的概念。探究学习是在 20 世纪 50 年代美国掀起的“教育现代化运动”中，由美国著名科学家、芝加哥大学教授施瓦布倡导提出的。他认为学生学习的过程与科学家的研究过程在本质上是一致的，因此，学生应去发现问题、解决问题，并在探究的过程中获取知识、发展技能、培养能力，特别是创造能力，同时受到科学方法、精神、价值观的教育，并发展自己的个性。

探究式学习法具有主动性、开放性、实践性等特点，在探究学习中，学生学习呈主动状态，在很多情况下自行设计并控制学习进程，他们能够自然而然地以主人的身份投入教育活动，关心周围世界，积极主动地参与解决各种实际问题、优化社会环境的实践活动，亲身体验自己对自然和社会的责任。学习的场所有时也会从课内扩展到课外，从学校扩展到社区，并且学生是通过亲身实践而不是单纯的理论讲解获取知识技能的。这不仅有助于学生把理论和实践联系起来，而且对社会实际问题的认识和解决也有直接的帮助。

2. 探究式学习法的一般步骤。探究式学习法有着不同的类型和表现形式，西方的探究学习更是形成了不同的理论主张和流派，这也使得探究学习的基本步骤在不同的研究者那里有着不同的表现。大致说来，探究式学习法主要经由提出问题、决定探究方向、组织探究、收集并整理资料、得出结论、采取行动等步骤开展。

3. 探究式学习法的注意事项。与其他教学法相比，探究式学习法的应用要更为复杂，在实施过程中，要注意把握几个方面的问题：要尽量给每个学生探究的机会，避免由个别人支配探究权；要注意在时间、空间、设备等方面为学生提供探究的支持条件，探究问题的设计要引发学生兴趣，联系社会实际生活；要注意为学生提供适时的、必要的、谨慎的、有效的指导；要考虑学生原有的认识水平和基础，引导学生积极反思；要注重分析探究时学生的独特感受、体验和理解；要重视学生之间的相互合作与交流，注意根据不同学段学生的身心特点提出不同的探究要求。

第三章

高职院校思政课实践教学模式

思政课实践教学的含义主要包括狭义的实践教学和广义的实践教学两种观点。狭义的实践教学是指与理论教学相区别的社会实践教学，如实地考察、实地调研等。广义的实践教学是指思政课的实践教学除了进行理论教学之外，凡是与实践相关的教学方式都被认为是实践教学。

第一节 高职院校思政课实践教学概述

一、高职院校思政课实践教学模式

中共中央宣传部、教育部在《关于进一步加强和改进高等学校思想政治理论课的意见》中，特别强调高校所有的思想政治理论课程都要加强实践环节，要建立和完善实践教学保障机制，探索实践育人的长效机制。但在教育教学实践中，由于人们对实践教学的理解不同，其着力点不完全相同，效果也不一样。目前，学术界普遍赞同广义的实践教学这种观点。教学模式可以定义为在一定教学思想或教学理论指导下建立起来的较为稳定的教学活动结构框架和活动程序。由于思政课实践教学与理论教学相比具有其自身的复杂性，所以思政课实践教学的形式多种多样，具体可归纳为三种具体的模式，如表 3-1 所示。

表 3-1 思政课实践教学模式一览表

示例所在章节	课堂实践教学（第一课堂）	校园实践教学（第二课堂）	社会实践教学（第三课堂）
第 4 章第 2～4 节	案例分析	主题电影	参观考察
	小组讨论	读书交流	勤工俭学
第 5 章第 2～4 节	音像展播	网络实践	社会调查
	专题辩论	知识竞答	课外科技活动
第 6 章第 2～4 节	学生讲坛	校内调研	基地实践
	情景模拟	课外作业	公益活动
第 7 章第 2～4 节	主题演讲	微视频制作	研究性学习
	翻转课堂	摄影竞赛	“三下乡”活动
第 8 章第 2～4 节	专题讲座	时事研讨	青年志愿者活动
	角色扮演	团体辅导	服务性学习

1. 课堂实践教学模式。课堂实践教学模式是思政课实践教学活动的“第一课堂”，是一种课堂讲授“升级版”的实践教学模式。课堂实践教学模式主要包括案例分析、小组讨论、音像展播、专题辩论、学生讲坛、情景模拟、主题演讲、翻转课堂、专题讲座、角色扮演等。

2. 校园实践教学模式。校园实践教学模式是思政课实践教学活动的“第二课堂”，是指学生在课堂之外、校园之内开展的实践活动。校园实践教学模式主要包括主题电影、读书交流、网络实践、知识竞答、校内调研、课外作业、微视频制作、摄影竞赛、时事研讨、团体辅导和其他活动。

3. 社会实践教学模式。社会实践教学模式是思政课实践教学活动的“第三课堂”。社会实践教学模式主要包括参观考察、勤工俭学、社会调查、课外科技活动、基地实践、公益活动、研究性学习、“三下乡”活动、青年志愿者活动、服务性学习和其他活动。

二、高职院校课堂实践教学是育人的重要环节

课堂实践教学相对于校园实践教学和社会实践教学来说，是最重要、最基本的实践教学模式，是实施校园实践教学和社会实践教学的基础和前提，是提高教学质量、培养学生综合素质的关键环节。如果忽略了课堂实践教学环节，就是忽略了学生成长成才最主要的教学环节。

（一）课堂实践教学有利于培养学生的思维能力

传统的教学模式是以传授教材的知识为主，缺乏对学生思维的敏捷性、严密性、

独创性的培养。学生由此形成的思维习惯是深信教师在课堂上讲的都是正确的，形成了顺向思维的习惯，不会质疑，不会反思。这些教学方法不能达到培养学生思维的广度和深度、逻辑性和灵活性、新颖性和独特性、深刻性和开放性的目标。而课堂实践教学针对学生思维的局限性，通过创设情境，诱发学生的想象能力和思维动机，再用理论讲授撞击学生的理论思维，激发学生的想象力、创造力和批判力，冲击其思维中的惰性、保守性和凝固性。课堂实践教学的激励性、示范性、实证性、逻辑性和探索性的特点，引导启发了学生的思维，推动了学生的主体意识、反思态度和创造精神，锻炼和提高了学生的理论思维能力。课堂实践教学重在讲授思想方法，传授获得知识的手段和运用知识的本领，培养学生的思维方法。

（二）课堂实践教学有利于激发学生的自主性学习

刘强先生主编的《思想政治学科教学论》就学生课堂实践教学的作用和意义进行了研究分析。他认为，“从教学理论上讲，无论是进行道德教育、政治思想教育，还是使学生把理论知识转化为自身的稳定的观念和素质，都必须使受教育的学习主体得到实践训练和亲身体验”。这里的“亲身体验”既包括情感和思维的体验感受，又包括对社会和现实的体验感受。他强调的学习主体实践训练，则是课堂实践教学的活动过程。

在这个过程中，教师彰显的是新的教学理念和教学模式，学生运用的是新的学习策略和学习方法。课堂实践教学提升了教师教书育人的新境界，使师生关系在教学过程中得到全面的提升。实施课堂实践教学，教师需转变两种观念：一是把学生看成是课堂教学的积极参与者，而不仅仅看成是知识的被动接受者；二是教师是培养学生全面素质的指导者，而不仅仅是完成知识传授职责的“教书匠”。教师应该以开放的心态，把教育教学变成平等交流和对话，使学生的主体地位得到充分的尊重。教师的教学活动建立在师生平等交往的基础之上，体现了民主、平等、沟通、理解的新型的教与学关系。教学过程变成师生之间共享知识、经验、智慧的过程，使教学活动融入学生的现实生活，与学生的内在需求直接沟通。课堂实践教学有利于激发学生的自主性学习，培养学生的主体意识、主体能力、主体人格，发展和提高学生在教育教学活动中的能动性、自主性和创造性，帮助大学生在成长过程中学会自我教育。课堂实践教学使学生迈出全面发展的新步伐。学生在教师的指导下，转变学习观念，从被动学习向自主学习转变，从以学习知识为主的知识目标向以掌握学习方法为主的能力目标转变，从维持性学习向创新性学习转变，学会运用学习策略提高学习质量和效率。

（三）课堂实践教学有利于培养学生的质疑能力

学生的思维能力与问题意识密切联系在一起，有了较强的思维能力就容易形成问题意识，容易发现问题。思政课实践教学中常常碰到的问题是教材中的基本理论问题、教材内容与社会联系的问题，还有是在学生成长过程中因学习、友谊、就业等需要而产生的问题。由于课堂实践教学淡化了教师单向灌输的做法，强化了学生主动参与、积极思考的学习方式，鼓励学生参与问题的提出、讨论、研究、解决。这就有利于学生用谨慎的态度对待现有知识和现成观点，在学习中始终做到自我质疑、思疑，有利于提高学生发现问题、提出问题的能力。

三、高职院校校园实践教学是理论学习的拓展和深化

校园实践教学是课堂实践教学的直接延伸。校园里有丰富的理论教育和理论学习资源，一是有博学多识的教师，而且教师很愿意与学生共同探讨问题；二是有丰富的图书资料，随时能为学生提供学习参考；三是有众多思维活跃、随时随地可以切磋、交流、探讨、辩论的学习伙伴。因而，校园实践教学的重点应该是课堂理论教学的拓展和深化。

（一）高职院校校园实践教学是课堂理论知识运用的拓展途径

校园实践教学要着重课堂理论知识的运用。例如，大学生开展的校园自我调查，通过大量的调查研究，收集更多的大学生道德生活素材，积累感性认识材料，以观察和分析大学生的现实道德状况和成长成才过程中的道德要求，观察和分析大学生的遵纪守法行为和法律意识等。从道德教育的层面看，有利于大学生自我反思的调查内容有：大学生掌握道德知识的情况调查，如社会主义道德建设的核心、原则、基本要求、“三德”等最基本的道德常识；大学生社会主义核心价值观现状调查；大学生校园文明行为和不文明行为调查；大学生恋爱观及违反恋爱道德的行为调查；大学生理想、信念状况调查，等等。在法制教育层面，值得大学生反思的调查内容有：大学生违纪、违规、违法行为典型案例调查，大学生法治观念淡薄的典型表现，等等。这些调查可以采取多种多样的方式，可以以小组的形式分工深入调查，然后将调查结果进行交流，变成大家共同的收获。当然，也可以个人自愿调查以及个人与小组结合的形式开展调查。其目的都是使大学生对自身的道德状况及法治观念有感性认识，深刻体验到学习道德理论知识、学习法制理论知识的重要性、必要性、迫切性，从而进一步激发学生学习这些理论的热情。要拓展和深化课堂理论教学，这样的调查实践绝对不可忽视。

（二）高职院校校园实践教学是课堂理论知识深化学习的平台

校园实践教学在掌握课堂理论知识运用的基础上，可采取教师讲坛、学生论坛、师生共同研究的形式深化理论学习。教师讲坛可由教师分工负责，每位教师负责两三个专题，既能促进教学科研，又能丰富学科教学理论知识；还可聘请校内或校外有关专家围绕课堂理论教学开展系列理论知识讲座，对拓展学生的理论知识、开阔学生

的眼界很有必要。教师讲坛的选题，既是课堂理论教学的延伸和深化，又是学生学习的理论疑点、难点和关注的社会热点。譬如，现代"以德治国"的理论与实践、社会主义荣辱观对社会主义道德建设的指导意义、大学生法治观念教育的针对性等。学生论坛可组织学生边阅读、边研讨。如关于法制知识学习论坛，可以讨论一些案例，也可以组织模拟法庭，运用角色扮演、角色转换、辩论等方式，使大学生从中学到更多的知识。

四、高职院校社会实践教学有助于增强大学生的社会责任感

社会实践教学活动是贯彻教育为社会主义服务、教育与社会实践相结合的教育方针，使大学生在学习期间能够更多地接触社会、了解国情民情，培养服务社会、服务人民的意识，增强社会责任感，走正确成长的道路，并在实践中提高分析问题和解决问题的能力，全面提高大学生的素质。校外社会实践资源丰富，社会性、现实性强，更能体现实践教学的主旨，学生参与的积极性、主动性高，效果好。社会实践教学活动大致有调查、参观、服务三大类。调查、参观重在了解国情、民情。如以弘扬革命传统为主题的调查，参观爱国主义教育基地、烈士纪念馆、访问老英雄老模范，等等。社会实践教学要充分利用当地历史资源、文化资源和建设成就，对大学生进行中华民族优秀文化和优良革命传统教育；要充分利用经济体制改革和社会主义精神文明建设的典型，让学生目睹和感受社会主义制度的优越性和社会主义改革的辉煌成果，从而坚定社会主义信念。与此同时，还可以开展实践基地建设，紧密结合教学实践需要，选择经济体制改革的先进典型、社会主义精神文明建设的典型作为教学实践基地建设，组织有说服力的材料，有序、有效地为实践教学持续发展提供服务。

服务活动主要是组织学生依托专业知识广泛开展科技文化服务。可根据不同专业的学生，实施不同服务项目，使大学生在社会实践活动中受教育、长才干，既提高学生熟练运用相关知识的技能和方法，又增强社会责任感。如每年各高校都派出大学生"三下乡"服务团，利用假期开展社会实践服务活动。学生们根据掌握的专业知识和专业技能为群众提供有关医疗、教育、法律、农业科技等方面的咨询和义诊服务，体现了服务农村的宗旨。通过"三下乡"社会实践活动，学生们深入农村，不仅了解了更多的社情民意，而且在思想深处也实实在在地受到了教育，增强了服务社会、服务群众的责任感。

第二节　高职院校思政课课堂实践教学

思政课课堂实践教学，就是在思政课教师的组织下，为实现特定的教育教学目标，根据既定的教学计划，以课堂教学的时间、空间为基础，借助于直观鲜活的音像

播放、发人深省的案例解析、形象逼真的情景模拟、充满激情的演讲比赛、富有哲理的专题辩论等形式，创设一系列生动活泼的教学情境，将课程教学内容和社会实践巧妙结合，紧扣社会热点、难点和焦点问题开展讨论和思考，实施思想政治教育，提高学生综合素质的一种教学方式。①

一、高职院校课堂实践教学的形式

高职院校思政课实践教学是实现思政课教学实效性的重要保证，与理论教学都是教学体系的重要组成部分，二者互相联系，互相促进，都是完成教学计划、实现教学目的的手段。课堂实践教学是将理论与实践紧密结合最方便、最简洁、最有效的实践教学模式，整个教学过程都以学生为中心，通过学生的独立思考与讨论来完成教学任务；课堂实践教学融知识性、趣味性、专业性于一体，使学生在学习过程中，既获得专业知识，又锻炼和提升了能力，养成自觉的学习态度，完成思想政治理论课教育教学目标。

高职院校思政课课堂教学以理论讲授为主，结合教学内容，恰当地穿插和开展一些小型的实践活动，可以丰富教学内容，提高学生参与教学的积极性，活跃课堂氛围，增强教学效果。

1. 专题辩论。课堂上的专题辩论，与校园辩论赛在形式上有相同点，即双方就某一问题进行辩论。不同点是专题辩论是整个授课班级参与，一分为二，一边支持正方的观点，另一边支持反方的观点。两组相互辩论，辩论的规则不严格。专题辩论的作用在于划清是非的界限，判断事物同异的根据，权衡利弊得失，解决学生思想上的疑惑。

2. 翻转课堂。翻转课堂是一种全新的教学理念和课堂实践教学模式。将其运用在思想政治理论课上，可以提升思政课的吸引力、参与性。通过将以“教”为中心的课堂向以“学”为中心的课堂的转化，实现形式与内容的互动，课堂被“翻转”过来，学生从被动的接受者转变为主动的研究者，教学方式从灌输式转变为互动式，思想政治理论课不再是“满堂灌”，而是转变为以学生自主学习为主的学习课堂。翻转课堂要提前将需要学习的相关概念、范畴等理论知识布置给学生在课前进行学习，教师在课堂上通过提问和讨论等方式来检测学生课前学习的情况，然后还要组织小组学习和案例讨论等方式来帮助学生深刻理解所学知识，以达到学以致用和活学活用的目的。

3. 案例分析。此方法着眼于将真实的生活引入课堂，以案论理。在讲解新的教学内容之前可通过某个典型案例引出新的知识点，以激发学生的学习动机；或者在涉及原理的具体运用时，通过分析案例培养学生发现问题、分析问题和解决问题的

① 姜德琪.高校思想政治理论课课堂实践教学探析[J].黑龙江高教研究，2011(6)：105-107.

能力，达到学以致用的目的。该方法要求教师事先备有丰富多样的现实案例，案例可以是文字、图片或视频短片等，并明确案例所包含的原理。

4. 学生讲坛。在教学过程中，设立“学生讲坛”教学环节。在每一个教学班里组建若干团队，每个团队由 3～5 人组成，在教材里选择一个或若干问题理论联系实际进行研究或调研，调研成果由每个小组推出一人在讲台上进行展示，从而展示思想政治理论课教学内容的理论智慧，培养学生自信、自强、自立的思想品德和互助、互信、互勉的健康人格。

5. 角色扮演。结合教学内容，让学生扮演特定的角色，通过现身说法来消化教学内容，使学生更进一步受到教育。如在讲授世界观与人生观内容时，可让学生表演小品，寓教于乐；在学习职业道德内容时，可以让学生模拟自己理想的未来职业，设身处地领会职业道德的重要意义；在讲授心理健康的内容时，可以组织学生编演“心理情景剧”，让学生身临其境地感受心理的变化，受到真实的教育，甚至可以安排学生授课实践，扮演教师的角色。任课老师可以根据学时安排，每学期组织学生进行一次授课实践，规定相应题目，让学生备课、讲课，从中体会教师的辛苦，也锻炼学生的表达能力。

6. 主题演讲。这种教学活动主要是学生以口头语言表达方式，再现教学内容，进而受到教育。主题演讲型实践教学主要由学生自己选材和撰稿，抒发自身的体会、认知和感受，是很多大学生喜欢的自我教育方式。它既有说服力，又有感染力；既锻炼了表达能力，又提高了认知能力，还可以极大地增强学生的自信心。

7. 小组讨论。将学生分成若干小组，进行分组讨论。分组讨论是在教师主导下，通过学生之间、小组之间、师生之间的讨论，使教与学互相促进的一种学习方法。它将教师指导、课下学生个人独立查询资料和小组集体学习、课上小组之间进行讨论交流三者结合在一起，有利于培养学生运用马克思主义原理解决实际问题的能力和思辨能力，增强教师与学生的沟通，培养学生之间的协作精神。这是一种以问题为导向的教学方式，可以有效引导学生积极参与课堂教学，提高他们学习与思考的积极性和主动性。此方法体现理论联系实际、学用结合的原则，着重于理论的运用，即如何用所学理论分析现实问题。它将教师指导、学生思考和相互交流结合在一起，可以充分调动学生的学习积极性，较好地训练学生思维，培养学生分析问题和解决问题的能力。

8. 专题讲座。邀请社会知名专家和学者，或者本学科的优秀教授开展专题讲座，针对社会热点、难点问题，或者本学科的精髓内容进行专门系统的讲授，这是对课堂教学内容的丰富和补充。专题讲座一般都是结合时代特征，紧扣社会“热点”和学生思想实际，深入剖析社会“难点”问题，使学生及时了解和接受新鲜知识，满足学生迫切希望了解社会事件背后埋藏的更深层次的东西的要求，使学生从中学到认识问题、分析问题的立场、观点和方法；也可以讲授本学科的最新理论动态、发展趋势和理论创新，从而起到拓宽学生视野、陶冶情操、升华思想的作用，更好地发挥思政课的主渠道作用。专家、学者和教师在讲座中所显现出来的人格魅力也会对学生的思想、人格产生潜移默化的影响。

9. 音像展播。现在思政课一般都是运用多媒体进行教学，在课堂中结合教学内容，适时恰当地播放优秀音频和视频，丰富理论教学。优秀的影视作品会对学生起到教育启迪作用，使学生从中领悟到人生的真谛，感悟到人间的真、善、美，继而转化为今后学习生活中的不竭动力。讲授“思想道德修养和法律基础”课程时，要有选择地适时播放相关视频内容，如中央电视台的公益广告、典型人物和事件、《今日说法》等；讲授“毛泽东思想和中国特色社会主义理论体系概论”课程时，组织学生观看《复兴之路》《大国崛起》《国情备忘录》等纪录片，充实了教学内容，给学生更加直观生动的感受。

10. 情景模拟。情景模拟是案例教学法的延伸与扩展，要求学生在仿真教学情境中“扮演角色”。案例要有时代感，要真实。情景模拟教学的目的是使学生产生主动学习的需要，学会独立思考。例如，在“思想道德修养和法律基础”课中，讲授道德规范时，可设置一个“道德两难”的情景，让学生深刻认识遵守道德规范的重要性；探讨人生价值问题时，可以设计一个“人生拍卖会”，让学生认清人生价值，理解人生真正的价值所在；学习法律知识时，可根据教材内容组织模拟法庭。情景模拟实践教学活动的优点在于使学生身临其境，对教学内容深刻感受，在此过程中还可以培养学生理性思考的能力。

二、高职院校课堂实践教学的特点

1. 时效性强。与其他实践教学模式相比，课堂实践教学是在课堂理论教学过程中进行的，在时间方面能够得到完全保证。实践教学活动可以安排在课堂理论教学内容完成之后的第二节课内进行，通过活动可以及时强化理论教育的意义和作用，对学生的影响和教育力度是深刻的。实践教学活动也可以安排在课堂理论教学之前开展，让学生思考活动所蕴含的教育意义，从中得到感受或启发。在此基础上，教师再对活动加以总结，强化和升华理论教学内容，用理论的力量来论证活动所反映的教育价值，使得学生受到及时的教育。由此可以看出课堂实践教学的时效性是很强的。

2. 形式多样。课堂教学虽然在教学时间和场地规模方面受到一定限制，但是相对的，其教学时间和场地能够得到有效的保障。同时，课堂的学生集中，便于组织开展活动。现在课堂教学普遍采用多媒体教学，可以利用现代技术组织多样性的活动。因此，可以充分利用这些有利因素，适时地开展形式多样的课堂实践教学活动。主要有情景模拟、角色扮演、讲演活动、团体辅导、音像展播等。

3. 效果显著。一方面，课堂实践教学是在课堂理论教学中穿插进行的，是对理论讲授的有力补充和论证，极大地加强了理论的说服力，让学生在课堂有限的时空内，将理论内化为自己的观念和信念，显著地增强了教学效果。另一方面，课堂实践教学的参与感极强，学生在活动中亲身体验、自我感受、自我教育，课堂教学的效果是直接而深刻的。

4. 灵活紧凑。课堂教学以理论讲授为主，课堂实践教学可以根据教学内容的需要，灵活地选择不同形式的活动方案。同样的教学内容也可以选用不同的实践教学形式来表现。例如，在“思想道德修养和法律基础”课中关于“人际关系”的教学内容，可以通过“角色扮演”来领会；也可以采用团体辅导“信任之旅”的方式来展现。课堂教学的教学时间短，场地有限，所以，课堂实践教学活动只是理论教学的补充，要求实践教学的内容具体、规模小型化、活动时间简短。由此，课堂实践教学呈现出紧凑的特点，活动开展应简便易行。

第三节　高职院校思政课校园实践教学

校园是思想政治理论教育培养全面发展人才的主阵地，校园文化活动为高校思想政治理论课实践教学提供了有效的载体。开展高职院校校园实践教学的关键在于把课程的优势和学生的特点有效结合，培养学生的学习兴趣，挖掘学生的潜力，提高学生的综合素质，实现知识创新和知识应用。

一、高职院校校园实践教学形式

校园实践教学的发生空间是在校园内，所依托的载体是各种各样的校园活动，属于学校教育的“第二课堂”。教师根据教学目标，提出具体要求，通过可以使学生广泛参与的活动，达到提高学生合作能力、沟通协调能力、自主学习能力以及培养良好思想品德修养的作用。可以通过以下形式来开展校园实践教学，以达到提高学生综合素质的目的。

1. 知识竞答。知识竞答能督促学生全面、细致和认真地掌握思政课的基本理论知识点，也能培养大学生的语言表达能力，同时还培养了学生的团队意识和竞争意识，提高学生学习思政课的兴趣。知识竞答的组织形式是由教师结合思政课教学大纲和教材内容，拟定竞答题目和参考答案，参赛者可以学生所在二级学院、班级、小组为单位。

2. 摄影竞赛。目前，数码相机和智能手机已经在大学生群体普及，摄影不再是件奢侈的事情。作为新时代的大学生，无论你的摄影技术是否专业，无论你手中拿的是单反相机还是手机，都可以记录身边的点滴，用朴素的画面分享“追梦”故事，畅谈“圆梦”历程。在思政课实践教学中，组织大学生围绕某一主题开展摄影竞赛活动是一种很好的方式。相同的主题，不同的视角，校园摄影竞赛实践教学活动的开展，能帮助学生用图像作品来表达自己的所见、所思和所想，完成学习任务。

3. 主题电影。影视艺术是一种综合性的大众文化艺术，无论从形式还是内容上，都具有天然的教育性。在谈及影视教学的价值时，鲁迅先生说过："用活动电影来教学生，一定比教员的讲义好，将来恐怕要变成这样的。"正是因为影视艺术具有天然的教育价值和不可替代的育人功能，经典影视赏析完全可以为思想政治理论课教育教学服务，成为思想政治理论课实践教学的一种有效形式。

经典影视赏析，可以成为课堂实践教学和校园实践教学两种实践教学的组织形式。课堂实践教学是任课老师在多媒体教室，根据教学内容，选择一些与课堂教学内容有关的影视片段供学生观看并组织讨论。作为校园实践教学形式，参与影视观看的对象更宽泛，全校的学生都可以观看，影响面更大。

4. 校内调研。要使学生将社会主义核心价值观转化为自我的精神信仰和价值取向并成为自我的自觉追求，就必须要了解学生的思想状态。因此，根据学生的实际情况，结合思政课的教学内容，组织学生进行校内调研，就是全面有效地实施思想政治教育的一种校园实践教学形式。在校内调研的环节中，教师扮演着十分重要的角色，教师可以将自己所教授的学生分为若干小组，以小组为单位进行不同主题的校内调研活动。

5. 团体辅导。这种实践教学活动是将心理咨询中的团体辅导技术运用于思政课的教学中，其特点在于以活动或游戏为主。团体辅导教学活动的主题突出，形式活泼轻松，学生参与面广，寓教于乐，学生在活动中能够直观地感受活动富有的教育意义。在讲大学新生自我认识及角色转变时，可以开展"生命线"的团体活动；在讲授人际关系相关内容时，可组织"同舟共济""信任之旅"等团体辅导活动。

6. 读书交流。根据思政课教学的内容和特点，结合现实中人们普遍关注的热点、难点问题，可向学生推荐一些具有代表性的阅读书目，供学生课后阅读，旨在培养学生的阅读兴趣和发现问题、思考问题的能力，提高学生的综合素质。思政课的内容涉及哲学、自然科学、经济、政治、社会、人文等多个学科，而且理论性强，这增加了学习的难度，制约了学习的兴趣。要激发学生的学习热情，让学生真正感受思政课的理论魅力，光靠教材的内容是远远不够的。必须让学生尽可能地涉及各个领域的一些基本知识，形成一定的知识系统。在校园内以一定的读书交流形式，使学生主动参与，教师正确引导，可以大大激发学生的学习兴趣，提高学生的阅读能力、表达能力、思维能力和理论联系实际的能力，并使马克思主义的科学世界观自觉内化为学生的理想和信念。

7. 微视频制作。随着信息技术及网络技术的发展，知识的获取渠道和获取方式也随之不断优化，一种基于互联网的教育模式——"微课"正在逐步普及。"微课"是指以微视频为主要载体，由主讲老师围绕某个知识点或教学环节而开展的教与学的活动过程。而让学生参与微视频制作，其过程本身就可以作为非常好的校园实践教学形式。教师针对教学内容进行选题设计后，让学生参与视频素材收集、后期制作、互动测试等环节，既有利于对理论知识的吸收和消化，也便于教师了解不同学生对相同知识点的理解和掌握程度。同时，还有利于教师完善“微课”的内容，有针对性地详细分析和讲解课本知识点，以巩固教学效果。当然，对于学有余力的学生，或学生的专业特点（传媒等专业），对其微视频制作的实践形式和成果可以相应地作出更高的要求。

8. 时事研讨。思政课教学是对学生进行思想政治教育的主渠道，针对性和实效性是思政课教学的生命和灵魂。让学生了解党的方针政策、关注重大理论和现实问题及社会热点，并及时了解学生的观点和看法，是加强思政课教学针对性和实效性的重要途径。在校园实践教学模式中，开设时事研讨会，让学生在一定范围内表达自己的思想观点，并与其他学生交流分享，甚至就不同观点辩论交锋，不仅可以加强思政课教学的针对性和实效性，也能够提高学生辨别是非、站稳政治立场的能力。同时，通过观点碰撞和理论交锋，还可以提高学生驾驭语言和掌握辩论技巧的能力。

9. 网络实践。随着互联网影响的日趋普及与深入，网络空间教育大潮的到来已经不可逆转。校园实践教学应运用互联网信息技术，依托网络实践教学平台，发挥网络技术教学的积极功能。学生在思政课程网站或个人学习空间上开设时事论坛、学生演讲、创意校园、影视作品、教学参考、社会问题分析等栏目，增添思政课实践教学的时代气息与生活气息。开辟网络实践教学平台，有利于释放学生的创意热情，展现学生的独特个性。湖南省教育厅组织全国高校参与搭建的“世界大学城云技术支撑平台”，便为大家提供了湖南大众传媒职业技术学院很好的网络实践空间。

10. 课外作业。课外作业是课堂学习的延伸，是课堂教育的延续，是教学过程中一个不可缺少的环节。课外作业不仅能起到督促学生及时复习课堂所学内容的作用，同时也是师生对课堂学习效果实施检测的一种形式。在新形势下，课外作业绝不能简单地布置教材后面的思考题，教师应该超越教材，联系实际精心设计课外习题。课外作业要能体现学生学习的过程，注重学习的体验，通过完成作业能提高学生独立思考、解决问题的能力。教师可以结合教材重点、社会热点和学生关注点来布置小论文，让学生通过查找资料、调查研究、采访交流、相互讨论来完成课外作业。但是需要注意的是，这些课外小论文完成的前提是不能在网络上找到答案或者大篇幅地参考现有见解。

二、高职院校校园实践教学与校园文化活动

高职院校思政课实践教学与校园文化活动在理论依据和根本目的上具有同一性，在内容和形式上具有兼容性等特征。校园文化活动是思政课校园实践教学模式的重要载体，充分利用其来开展思政课教学，不仅有助于校园文化的繁荣发展，而且有助于提高思想政治教育的有效性。

(一)高职院校校园文化是校园实践教学的重要平台

校园文化是以校园为空间,以学生、教师为参与主体,以精神文化为核心的物质文化、制度文化、行为文化相统一的具有时代特征的一种群体文化。校园文化活动与思想政治教育工作相互交织、相互促进。一方面,校园文化活动的发展必须以社会主义核心价值体系为引领;另一方面,校园文化活动是思想政治教育的有效载体和重要途径。但作为思想政治教育的主渠道,长期以来,思政课教学却未能与校园文化活动有机地结合起来,这不能不说是思想政治教育的一大遗憾。这里既有主观原因,也有客观因素。主观原因主要是对思政课实践教学的狭隘认识,部分管理人员和教师一度把思想政治理论课实践教学等同于开展社会实践活动,从而忽略了校园文化的实践平台。客观因素主要是管理上的彼此分立,思政课实践教学归属于思想政治理论课教学部门,而校园文化活动则由学校学生工作部门具体管理,两个部门虽然也有一定的合作,但大多数时间是相互并立的。因此,从提高思想政治教育的效果出发,必须把两者紧密结合起来,依托校园文化活动开展丰富多彩的思政课实践教学。

(二)高职院校校园文化活动与校园实践教学的统一性

首先,校园文化活动的功能与思想政治理论课实践教学的目标基本一致。校园文化活动虽然形式多样、个性鲜明,但其思想政治教育功能则是研究者和实际工作者关注的热点。研究者从多个角度进行了总结,有的学者概括为教育功能、兴趣导向功能、求知激励功能、人格塑造功能四个方面;有的学者则认为具有指导引领功能、熏陶塑造功能、凝聚整合功能、调适激励功能和传播辐射功能[①];还有的学者概括为导向功能、创新功能、凝聚功能、规范功能、娱乐和调节功能等[②];还有的学者概括为价值导向、意志激励、精神凝聚、情绪调解、人格塑造、行为约束六大功能[③],等等。这些概括虽然角度不同,语言表述有异,但其目标都是为了锻炼学生的实践创新能力,提高学生的综合素质,帮助学生树立正确的世界观和人生观。而这些目标正是思政课实践教学所要达到的目标。

其次,校园文化活动的形式与思政课实践教学的要求基本一致。思政课实践教学要求学生在实践中深化对理论的认识,并学会运用理论提高其实践创新水平。而校园文化活动,由于贴近学生、贴近生活、贴近实际,具有实践性、群体性、开放性等特点,是学生自我教育和自主实践的重要平台。[④] 在参与校园文化活动中,学生不仅加深了对理论的理解,而且提升了运用理论的水平,并在运用中提高了实践创新

① 史洁,冀伦文,朱先奇.校园文化的内涵及其结构[J].中国高教研究,2005(5):84-85.

② 石峰.试论高校校园文化的思想政治教育功能[J].贵州师范大学学报(社会科学版),2006(5):49-51.

③ 杨长春.关于强化高校校园文化思想政治教育功能的思考[J].黑龙江高教研究,2006(7):49-51.

④ 吕志,张居永.论思想政治理论课实践教学的形式及其实施[J].思想政治教育研究,2010(6):74-77.

能力。

正因为如此，越来越多的人认识到，校园文化活动是开展思政课实践教学的有效途径，应重视作为第二课堂的校园实践教学与校园文化活动的有机结合。

（三）高职院校依托校园文化活动的校园实践教学具有独特的优势

校园实践教学主要是指依托校园文化活动而开展的思想政治理论课实践教学。相比较而言，课堂实践教学和校外社会实践虽然各有特点，但也各有不足。课内实践教学长于锻炼学生的理论思维水平，但难以考察其实际思想道德品质；而校外社会实践活动侧重于帮助学生了解社会，增强学生的社会责任感，但其受客观条件的制约较多，不是每个学生都能得到社会实践的指导和锻炼。而立足校园，依托校园文化活动的思政课校园实践教学则便于全面开展，同时便于考察学生在实践中的思想道德表现，并锻炼学生在实践中运用马克思主义的能力。从这个意义上讲，依托校园文化活动的思想政治理论课实践教学是一种效率较高、效益较好的实践教学模式。

（四）高职院校校园文化活动与校园实践教学相互促进

依托校园文化活动开展思政课校园实践教学，既推动了学生校园文化活动的发展，又使思政课校园实践教学更加丰富多样，二者相互促进、相得益彰。一方面，思政课部教师参与并辅导学生参与校园文化活动，推动了校园文化活动的蓬勃发展，提升了校园文化活动的水平。思政课部教师不仅以其扎实的理论功底和敏锐的政治敏锐性不断引导校园文化的发展方向，而且在思政课部教师的指导下，校园文化活动效果更佳、氛围更浓、吸引力更大、育人功能更强。在部分高职院校，由于思政课教师的参与指导，不仅提高了诸如辩论赛和演讲赛等各种校园竞赛活动的水平，而且社团活动也更加活跃，更有效果。另一方面，校园文化为思政课校园实践教学提供了丰富的可利用的资源。由于校园文化活动形式多样、生动活泼，丰富了思政课校园实践教学的形式，提高了思政课校园实践教学的效果。特别需要指出的是，通过对活动的参与，教师也转变为学生可亲近的、热心的指导者和合作者，拉近了与学生的距离，从而有效地提高了教学效果。

第四节　高职院校思政课社会实践教学

社会实践教学，是指通过组织、引导学生积极地参与各种实践活动的方式来不断提高其认知能力以及实践素质，在实践过程中完成知识传播、内化和发展的一种教学模式。社会实践教学不同于一般实践模式的关键在于其发生的背景，以及由此而决定的诸多特性。具体来讲，社会实践教学就是通过真实的社会生活场景和环境，让学生在现实生活中独立地发现问题、认识问题和在寻求解决问题方法的过程中，通过分析具体问题独立地做出判断和决策，以培养学生运用所学理论解决实际问题能力的一种教学方法。

一、高职院校社会实践教学的必要性

（一）高职院校思政课教学的内在要求

高职院校的思想政治理论课承担着对学生进行系统的马克思主义理论教育的任务，是对学生进行思想政治教育的主渠道。它不仅具有一般理论课程的认知功能，更为重要的是还担负着培养中国特色社会主义事业的建设者和接班人的政治要求。由此可见，这门课程强调的是学生内在素质的形成，而不是单纯的知识传授，更不是一种简单的知识记忆，而是要通过教学，特别是通过社会实践教学，使学生通过自身的感悟、体验、践行，把马克思主义的世界观、方法论内化为自觉的信念，从而提高自身的思想道德素质和政治觉悟。这就要求思政课必须围绕这一目标来开展教学，而不是为了教学而教学。它内在地要求与社会实践相结合，在实践中深化理论的传播。

中共中央、国务院《关于进一步加强和改进大学生思想政治教育的意见》和中共中央宣传部、教育部《关于进一步加强和改进高等学校思想政治理论课的意见》及其实施方案精神，要求要充分发挥课堂教学在大学生思想政治教育中的主导作用，并提出要大力推进教学改革，改革教学内容，改进教学方法，改善教学手段，完善考试方法。思政课教学就是要用科学发展观和和谐社会的思想武装广大学生的头脑，提高其思想政治素质、道德素质和法律素养，增强其认识、改造客观世界和主观世界的能力，使其成为建设中国特色社会主义事业的接班人。这一目标的实现，光靠课堂的"灌输"还远远不够，必须拓宽思政课的教学渠道，加强思政课教学的时代性、现实性、针对性和感染力，达到学生对思政课理论知识乐"学"乐"行"的效果。而实践教学正好以其生动形象性、直接现实性和以学生为主体的特点，极大地调动了学生学习的主动性和积极性。开展实践教学活动，使学生在社会实践中接受教育，让学生带着理论问题走向社会、以理论指导实践并印证理论的先进性和科学性；又带着实际问题回到课堂，以实践丰富理论并寻求实践问题上更多更新的理论支持和指导，在理论与实践的结合中不断提高思政课的教学实效，促成思政课教育目标的实现。

（二）高职院校人才培养目标的要求

人才的培养目标和规格是确定人才培养的措施、途径以及开展各项教学活动的首要基础，是组织实施教学过程的依据。自从思政课实施"05 方案"以来，党和政府对大学生的思想道德建设越来越重视，不断加大投入，目标就是为建设中国特色社会主义培养合格人才。大学要培养的是社会主义建设的精英人才，不是“读死书和死读书”的“书呆子”，而是有一定的动手能力、管理能力和协作能力的应用型复合人才。将实践教学环节引入思政课的教学中，就是适应社会发展、培养应用型复合人才的良策之一，也是实现培养目标的根本要求。

高职院校人才培养目标决定了学校教育要突出实践环节，实践能力培养是高职院校学生的生命线。社会实践教学不仅使学生能够理论联系实际，提高分析和解决问题的能力，而且通过组织社会实践教学，有利于学生开阔视野，吸收丰富的思想营养。同时也可以提高学生的参与意识，培养学生的实践能力、求实精神和团结协作精神。

（三）高职院校深化思政课教学改革的迫切要求

目前，高职院校大多存在着生源复杂、学制不一、学生的文化知识水平普遍不高、自律性较差等状况。一方面，在应试教育模式下，大部分初、高中学生缺乏理论抽象思维能力，分析问题和解决问题的能力较差；另一方面，思政课的教学内容理论性很强，不少学生的理解能力不强，难以学会用所学理论来指导解决自身或身边存在的现实问题。传统课堂教学比较注重理论知识的系统传授，而往往忽视学生的亲身体验，缺乏引导学生内化的环节，这就容易造成理论与实践脱节，学生学习的参与性、主动性较差，学习兴趣不高，思政课的实效性较差，教学目标难以达到，而实践教学是激发学生学习理论积极性和主动性的有效方式。因此，要充分调动学生学习思政课的积极性与主动性，提高思政课教学的实效性与吸引力，就必须改革传统的教学模式，积极有效地实现理论教学和实践教学的结合。

（四）高职院校促进学生成才的迫切需要

思政课实践教学目标的制定，必须以促进当代学生思想政治素质的提高和良好品德的形成为出发点。思想政治教育，在各级各类学校都要摆在重要地位，任何时候都不能放松和削弱。要说素质，思想政治素质是最重要的素质，不断增强学生和群众的爱国主义、集体主义、社会主义思想，是素质教育的灵魂。思政课的性质、任务决定了这门课在具有较强的理论性和系统性的同时，又具有突出的自我践行性和自我修养性的特点。这种突出的自我践行性和自我修养性，只有通过学生的实践参与、情感体验和内心感悟才能得到诠释和表达。将社会道德规范和法律规范内化为内心的道德法则，再将内心的道德法则外化为道德行为和法律行为，最终达到他律和自律的和谐统一。实践是连接他律和自律的桥梁，是人生道德和法律修养的由他律向自律辩证转化的根本途径，是提高学生自身道德修养与法律素养的有效途径。强调学生在学习理论的同时，让学生服务社会，进行社会实践活动，在社会实践过程中感悟理论、体验生活，从而有效实现思政课的教学目标。

二、高职院校社会实践教学的形式

思政课社会实践教学是指依据思政课的教学任务和要求，在教师指导下，在课堂教学之外，按照学校培养目标的要求，有计划、有组织地参加社会实践的思想政治教育教学活动。这些活动主要是团学组织和学生会通过暑期社会实践活动、参观考察、青年志愿者活动、社会调查、社会服务、勤工助学等形式开展的，是对学生进行思想政治教育的一种重要形式，也是一种把所学理论知识运用于实际的表现形式。它有别于思政课课堂教学，是相对独立存在的一种教学模式。

1. 课外科技活动。通过让学生亲眼看见，利用所学专业知识，亲自动手，达到加深认识、强化记忆、自觉践行的目的。如参加“挑战杯”大学生课外科技竞赛、大学生科学普及活动、大学生科研开发活动、大学生科技服务活动、大学生科技创业实践活动等。通过课外科技活动，使大学生重新认识和发现自我，领悟到自我的价值，学到书本上所学不到的知识，看到自己与现实的差距。

2. “三下乡”活动。“三下乡”活动是指大学生按照“受教育、长才干、作贡献”的原则，结合农村基层经济社会发展的实际需要，发挥知识技能优势，开展各类文化、科技、卫生服务活动，将文化、科技、卫生送到农村基层的社会实践活动。“三下乡”活动开展至今，对老、少、边、穷等地区的基层乡镇建设产生了巨大影响。大学生开展暑期“三下乡”活动，发挥大学生的智力优势，开展内容丰富、形式多样的文化、科技和卫生服务活动，推广农村安全使用农药及农业健康可持续发展技术，倡导健康文明的生活方式，促进农村经济社会的发展。

3. 参观考察。根据理论教学的内容安排，组织学生走出校园，参观革命传统教育和爱国主义教育的基地等，考察具体地区或单位的具体情况，并在参观考察的同时，发现、思考、解决问题。参观考察后撰写观后感。

4. 基地实践。实践教学基地是高校思政课社会实践教学的重要场所，各高校合理利用地方教育资源的优势，建立具有历史意义和现实意义的实践教学基地。学校在校外建立专门的思政课实践教学基地，并举办丰富的校外实践活动，通过直观的历史和鲜活的案例让学生在现场接受思想政治教育，不仅提高了思政课理论教学的效率，而且提高了学生的实践能力和创新能力。

5. 服务性学习。“服务性学习”是美国学校品格教育与公民教育的一种重要方式。它的目的、宗旨和思政课的性质、任务不谋而合。它强调学生走进社区服务，提高自身能力的教育路径与我国教育目标中要求学生成为复合型人才的要求重合。借鉴“服务性学习”理念，打破以往单纯理论的教学模式，引入实践教学环节，构建理论专题教学模块和实践、实训模块互动的教学模式，充分发挥教师的主导性和学生的主体性，进一步深化学生对思想政治理论的理解。同时，服务性学习搭建了“他律”和“自律”沟通的实践桥梁，促进道德规范内化于心而外化于行，从而提高教学的实效性。

图 3-1　到古井集团党建企业文化馆研学

图 3-2　参加亳州市博物馆社会实践活动

6. 研究性学习。研究性学习是指在教师指导下，引导和推动学生积极探索，以问题和课题为核心，以学生为主体，自主开展研究的实践教学形式。研究性学习是以“培养学生具有永不满足、追求卓越的态度，培养学生发现问题、提出问题，从而解决问题的能力”为目标，坚持“兴趣驱动、自主研究、重在过程”的原则，以思政课的重点、难点问题，或学生在学习生活和社会生活中遇到的问题为研究对象，使学生在提出问题和解答问题的过程中获得多方面的体验，提高学生的研究性学习能力。

7. 勤工俭学。勤工俭学包括校内和校外两种，校内的岗位主要由学生处负责提供，校外的岗位由学校推荐或学生自己应聘。实践证明，勤工俭学是一种学生深入了解社会和磨炼自己的非常不错的社会实践，但要求指导教师正确引导学生参加，不能和学习发生冲突。

8. 青年志愿者活动。中共中央宣传部、教育部在《关于进一步加强高等学校学生形势与政策教育的通知》中明确指出："要把形势与政策教育与'三下乡''青年志愿者'等活动结合起来，使学生在社会实践中接受教育。"高校青年志愿者活动是学习雷锋精神在当今时代条件下的一种新的表现形式，它以"奉献、友爱、互助、进步"为宗旨，精神内涵与雷锋精神一脉相承，是雷锋精神的延伸和拓展，是高等院校加强大学生思想政治教育工作的有效载体。

9. 社会调查。教师依据教学计划确立选题方向，学生选择自己感兴趣的题目设计问卷、进行调查并得出结论。选题范围非常广泛，上至国家民族问题，下至大学生的生活习惯问题都可以涉及，最后写出调查报告。

10. 公益活动。鼓励学生积极参与社会事务，参加公益性劳动，关心社会的发展，如普法宣传、禁毒宣传、环保宣传、义务交通协管、慰问老人、献爱心活动、参加抗灾救灾活动、义务生产劳动、青年志愿者行动、参加红十字会的志愿者活动等，使学生在活动中得到真实的锻炼。

三、高职院校社会实践教学的要求

（一）提高思想认识

中共中央宣传部、教育部在《关于进一步加强和改进高等学校思想政治理论课的意见》指出："高等学校思想政治理论课所有课程都要加强实践环节。要建立和完善实践教学保障机制，探索实践育人的长效机制，要通过形式多样的实践教学活动，提高学生思想政治素质和观察分析社会现象的能力，深化教育教学的效果。"按照中央的要求，各院校应充分认识社会实践在思政课教学中的地位与作用，加强对思政课实践教学的组织领导作用，应从为社会主义事业培养合格的建设者和接班人的政治高度，从素质教育的关键是思想政治教育的战略高度来重视思政课的社会实践环节，并给予大力支持。教师要提高对社会实践教学重要性的认识，转变思政课社会实践可有可无的思想，牢固树立"教书育人"的观念，充分认识到社会实践教学是育人的重要环节，积极开展思政课社会实践的研究、实践活动。

（二）整合教育资源

要形成思政课实践教学的合力，解决思政课师资力量薄弱的问题，要严格按照上级教育主管部门对思政课教师准入资格的要求和按师生比例合理配备任课教师。除补充师资力量外，还要认识到加强思政课实践教学仅仅靠思政课教师的力量是不够的，还须广泛动员校内的一切教育力量，如二级学院党总支书记、辅导员、政工人员、专业实习课教师等，共同参与，分工协作，形成合力。如思政课社会实践教学与专业课实习、实训相结合，在专业课安排实习、实训时，同时也要附加思政课的社会实践任务。这样不仅有助于学生加深对重要政治理论问题的理解，提高学习思政课的兴趣，也会大大增强学生的学习动力与建设祖国的使命感，而且还能弥补思政课实践课时不足的问题。此外，学校还可以从离退休干部、企业家、社区人员中聘请一些热心支持教育事业的校外辅导员，参与指导思政课社会实践活动，从而可以在一定程度上缓解思政课社会实践教学人员不足的难题。

（三）确保所需经费

根据思政课社会实践教学的实际需要，高职院校应像专业课实习一样，确保并增加思政课实践专项经费的投入，以保证思政课社会实践活动的正常开展。为了确保将所需经费落到实处，要制定出思政课实践教学专项经费管理办法，规定经费的来源、用途、审批程序等。此外，地方政府教育主管部门应根据当地社会经济发展水平，对高职院校思政课教学日常经费标准和社会实践经费做出明确规定（文件原文），这样社会实践教学所需经费才能得到可靠的保障。

（四）加强组织管理

形成实践育人的长效机制，完善的组织管理系统应包括思政课实践教学组织管理机构体系的建立、实践基地的建设、运作经费的保障，以及实践课教师队伍的构成等。这些是思政课社会实践教学得以顺利开展的有力保障。学校要成立思政课实践教学领导小组，党委副书记为主管领导，负责社会实践教学所需资金的审批、部门间的协调配合、人员的配备等；二级学院、系部具体负责实践教学的管理，如实践教学大纲的审定、社会实践教学计划与教学方案的审批，以及实施情况的检查考核等；教研室具体负责制订实践教学大纲、教学计划和实施方案等。

实践教学计划的制订，既要反映教学活动的针对性，同时也要反映实践活动的具体性，即实践教学方式的择用、实践教学地点的选定、实践教学时限的安排等。实践教学学期实施计划（方案）可由任课教师在每学期开学前制订，具体内容主要包括实践教学的具体形式、实施方法、实施时间、具体要求等，并上报所在教研室及系部领导批准方可实施。要使思政课实践教学规范化、制度化，还必须建立与思政课的性质、特点相符合，与当地教育资源相联系的实践教学基地。

第四章

高职院校思政课实践教学的保障机制

思政课实践教学，旨在帮助学生学会做人和提升自身的正确的社会化认知，使大学生形成正确的世界观、人生观和价值观，增强教学的实效性，提高思政课的教学质量。高职院校要保障思政课实践教学的实效，需要端正实践教学理念，在组织保障、制度保障、师资保障、基地建设等方面，建立健全相应配套的保障条件和措施对其进行规范。

第一节　高职院校思政课实践教学的组织保障

完善的组织管理体系是开展思政课实践教学的有力保障。高职院校思政课实践教学，要坚持“立德树人”观，树立开放式实践教学理念。

一、高职院校需要明确实践教学目标

思政课实践教学的目标，就在于通过实践教学培养适应知识经济和社会经济发展所需要的具有创新意识、创新精神、创新思维、创新品质、创新能力的思想政治素质和科学文化素质都比较高的“四有”人才，以适应时代的发展和社会的进步。实践教学是为了教师更好地教、学生更好地学、教学活动更好地开展，是为了发挥教师与学生双方的积极性与主动性而进行的活动。在实践教学中，必须始终贯彻“以人为本”的教学思想，坚持面向社会、面向学生、面向实践第一线，全方位地为学生的实践教学做好基础和保障工作。思政课教师要提高对思政课实践教学的认识，树立实践

育人的德育观念。思政课实践教学是理论和实际相结合的有效形式。学生通过思政课实践教学环节，使理论和实践有机结合，能充分理解党在改革开放以来所制定的路线、方针、政策的正确性，增强贯彻的自觉性；充分了解改革开放的巨大成就，树立改革的信心；充分认识中国国情和中国特色社会主义建设的艰巨性，增强建设中国特色社会主义的坚定性。同时，通过以爱国主义教育为重点的参观考察，进一步弘扬和培养民族精神。这对于上好思政课，提高思政课的教学质量，真正做到“入耳入脑”极为重要。只有明确目标，提高认识，才能建立完整的实践教学的组织管理体系。只有从根本上认识到实践教学的重要性，才能在教学中真正建立实践教学体系，改变思政课实践教学实效性不强的现状。

二、高职院校需要更新实践教学观念

高职院校思政课实践教学要更新观念，树立“服务学习”的理念。服务学习是一种学习方式，在这一过程中，学生主动参与精心组织的服务进行学习并得到发展，这种服务在社区中发生并满足社区的需要，世界各地采纳服务学习方式的国家和机构也越来越多。在服务学习和社会实践中，学生自主规划，积极尝试，努力调动自己多方面的知识和技能去解决实际问题。通过对实际问题的解决和为社区服务，去理解课堂理论教学中学到的概念并形成自己的概念体系，从而锻造自己的思维品质。“服务学习”使学生有机会与从事各种职业的社区成员建立联系，通过专题调查、红色基地旅游、法律咨询服务、社区服务、留守儿童教育、空巢老人照顾等义工服务，观察在学校里所学的内容与各种职业的联系，可能形成多样的职业期望，同时对于如何实现职业理想会有切实的帮助。这种主动学习，使课堂学习有了实际价值，有助于调动学生的学习热情，成为积极学习者。而实际工作经验的积累，又会促进学生其他课程的学习，拓展知识视野，发展思维品质，使学生的思想政治道德素养、知识、技能水平能够和谐改良，促进学生的全面发展。

三、高职院校需要构建协调高效的组织领导机制

开展实践教学，必须有周密的计划和严密的组织，必须有学校领导的重视、教务部门的支持以及地方政府的协助。如果这些问题不能得到周密考虑和妥善解决，实践教学活动就难以正常开展。

在高职院校的部分教师中存在一种错误认识，他们认为思政课实践教学费时、费钱而无实用价值，将轻视乃至忽视思政课实践教学作为一种所谓“理性”的选择，从而导致了实践教学保障条件的缺失和不完善，影响思想政治理论实践教学的顺利开展。为争取实践教学的保障条件，需要激发重视实践教学的动力。这种动力有时是自上而下的，有时也是自下而上的，一方面源于上级部门的压力和学校领导的重

视程度;另一方面也源于思想政治理论实践教学的良好效果,吸引学校投入更多的资源。对实践教学的管理者和组织者而言,要树立"品牌意识",通过实践教学的突出成绩,激发学校落实、改善教学保障条件的强大动力,实现"以保障条件促成效,以成效促进保障条件的改善"的良性循环,从而形成比较健全的教学保障机制。

高职院校应按照"05 方案"的要求,建立由相关部门负责同志参加的思想政治理论课教学指导委员会。建立实践教学管理联席会议制度,由学校主管领导牵头,每学期末召开由思想政治理论课教学部、教务处、学生处、人事处、团委、宣传部、财务处以及相关二级学院领导参加的专题会议,讨论和部署思想政治理论实践教学的相关工作。

在思政课教学中,采用实践教学的方式,是改变当前思政课教学中学生不愿意听、不愿意学、实效性差等尴尬局面的一个新举措,它是一项复杂而庞大的工程,仅有思政课教师以及教学部门的努力是不可能做到的。以前一些高职院校也把思政课分为课堂教学和实践教学两部分,但由于学校领导与一些职能部门的不重视和不配合,这些所谓的实践课程也就成了摆设,根本没有实施,成了应付上级检查的挡箭牌。因此,要真正实施实践教学法,就必须建立强有力的领导与管理机制。

有的高职院校思想政治理论课教学没有或者很少开展实践教学活动,根本原因就在于没有完善的领导组织机构。要对思想政治理论课实践教学做出统一安排,即时间安排、教师的安排和分工以及后勤保障等,这样才能确保实践教学活动有条不紊地进行。

有条件的高职院校可以成立专门的思想政治理论课实践教学指导委员会,负责思想政治理论课实践教学的实施。其中的委员会主任由主管思想政治理论课教学的学校领导担任,主要成员包括党委宣传部、教务处、学工处、团委、后勤处、财务处等职能部门,以及思想政治理论课教学部的主要领导,形成由学校主要领导统一负责,教务处、学工处、校团委和思想政治理论课教学部门等分工负责的领导与管理体制。这就将各方面力量整合起来,形成合力,为思想政治理论课实践教学的顺利开展提供强有力的组织保障。

四、高职院校需要各职能部门分工明确、相互配合

高职院校实施思政课实践教学的成效离不开科学地领导和组织,离不开学校及各有关部门党政领导的重视和支持。职能部门分工明确,各负其责,这一点非常重要。要将思想政治理论课实践教学纳入学校思想政治理论教育的工作体系,使之成为高校德育工作体系的有机组成部分,从教学管理制度上保障思想政治理论课实践教学有条不紊地进行。

（一）领导机构

建立健全思政课实践教学组织管理形式，建立从学校到二级学院、系部到教研室的领导体制。由校领导分管此项工作，负责各部门之间的工作协调，负责为实践教学活动提供领导支持、政策支撑和物质支援，提供最坚强的后盾。学校思政课教学领导小组为思政课实践教学的领导机构，成员应有党委宣传部、团委、学生处、教务处、财务处、后勤处、思政课教学部、二级学院、系部。领导小组负责制定《思政课实践教学实施办法》，对思政课实践教学的组织实施方法、内容与组织形式、实践成果、成绩评定、思政课教师的职责、经费支出、后勤服务、奖惩等做出明确规定，提供可操作的制度依据，并做好组织、指导以及部门之间的协调工作，还要做好督办、奖励与惩处工作，使这项工作真正落到实处。

（二）实施部门

1. 二级学院、系部。二级学院、系部，直接管理学生，是思政课实践教学的具体领导者。应由一名领导负责与学校领导及其他部门的协调工作，负责对外实践活动基地的选择和联络，负责对所属院系思政课实践教学工作进行督促、指导和协调，落实思政课实践教学的指导教师，负责对实践教学活动的具体组织以及总结。在实践活动结束后，指导教师应及时进行总结与评价，落实对学生的考评。

2. 教务处。教务处为思政课实践教学的职能管理部门，负责审批思政课实践教学计划，联系建设思政课实践教学基地，制定思政课教师实践教学工作量计算办法，下达思政课实践教学的经费指标，检查、督导、协调全校的思政课实践教学活动。

3. 思政课教学部(或马克思主义学院)。思政课教学部负责全校思政课实践教学的总体规划，思政课教学部相关教研室，负责实践教学活动主题的确定、思政课教学部专门教师对二级学院、系部思政课实践教学进行具体指导、监督与检查。对二级学院、系部实践教学进行规范、考核、评价。思政课社会实践活动的形式和内容很多，可根据各高职院校的实际情况，选择切实可行的内容和形式。这样就可以做到分工明确、层层落实。

（三）配合部门

1. 团委、学生处。团委、学生处在组织大学生社会实践、第二课堂活动和青年志愿者活动时，要与思政课教学部积极配合，协调关系，通盘考虑，计划思政课实践教学活动。

2. 党委宣传部。党委宣传部为思政课实践教学的指导、协调部门，对思政课实践教学的原则、内容、形式进行把关，并提供宣传资料支持。

3. 财务处。财务处要在财务预算中单独列出一块来专门用作思政课实践教学费的支出，以保证这项工作的必要开支和正常进行。有了经费，才有了实践教学的真正落实。

4. 后勤服务部门。后勤服务部门要在医疗、交通、车辆等方面给予支持，食堂要保障食品卫生的安全，保卫处也要就思政课社会实践期间师生的安全保障给予配合。

第二节 高职院校思政课实践教学的师资保障

在高职院校思政课实践教学中培养一支高素质的实践教学与管理团队，是实践教学建设与改革成功的关键。高职院校要重视思政课实践教学队伍的建设，制定相关政策，采取多项措施，加快实践教学队伍的建设步伐，形成一支学历、职称、年龄、专业等结构较为合理，教学、科研、管理融为一体的实力较强的实践教学师资队伍。

一、高职院校需要建立"教辅结合"的思政课实践教学教师队伍

目前，思政课实践教学存在诸多问题，解决当前思政课实践教学中存在的教育思想、教学方法和教学质量问题，归根结底，是要大力加强思政课实践教学师资队伍建设，以"大思政"的眼光重新审视思政课实践教学教师队伍的建设。

实践教学是高校思想政治理论课教学的重要组成部分，是课堂教学的延伸和补充。然而，实践教学也是高校思想政治理论课教学的难点。高职院校思政课教师和学生的比例严重失调，教师明显偏少，在学校是一种普遍现象。学校领导要从学校和学生发展大局出发，按照教育部文件精神，尽量按师生比例配备好思政课教师，没有数量充足的思政课教师队伍，思政课实践教学就无从谈起。思政课实践教学是项系统工程，要建立一支由党政干部和共青团干部、思想政治理论课教师为主体，辅导员、学生政工干部、专业课教师、社会各界有关人士广泛参加的社会实践课程师资队伍。

自实施"05 方案"以来，一些高校以辅导员为承担思想政治理论课实践教学的主体，走出了一条思政课教师与辅导员两支队伍相互配合、课堂教学与实践教学同进并互补，特色鲜明的思想政治理论课教学改革之路，在实践教学方面取得了新进展。高校辅导员在承担思想政治理论课实践教学方面，有更了解学生、组织管理能力更强等优势，这有助于提高思政课实践教学的针对性和全员性。辅导员承担思想政治理论课实践教学，无论是在提升思想政治理论课教学的实效性，还是在推进辅导员队伍发展方面都能产生了积极效应。建立一支"教辅结合"的思政课实践教学教师队伍，是提高思政课实践教学质量、推进思政课实践教学健康发展的有效途径。

二、高职院校辅导员承担思政课实践教学的优势

高职院校辅导员的队伍是一支力量强大的队伍，它是教学与学生之间联系的纽带，负责学生的日常生活与思想工作，与学生走得最近。因此，在进行思想政治理论课实践教学的时候可以充分地挖掘这支队伍的力量，把思政课实践教学同辅导员对学生的日常思想工作结合起来，利用班级的班会、团员活动以及义务劳动来进行实践教学。在进行校外参观考察的时候，也可以邀请辅导员一起进行，这样也弥补了师资力量不足的现状，同时也有利于提高高校辅导员的政治理论水平。充分发挥思政课教师队伍与辅导员队伍“教辅结合”的优势。思政课部负责协调教师力量，组织相关课程教学，并为社会实践提供智力支持；校团委联合各二级学院辅导员，负责相关组织保障管理工作，整体上形成了从校级思政课教学领导小组到二级学院工作组、实践团队负责人，从决策到实施，从教师积极指导到学生自主参与的组织管理系统。在高校，承担思想政治理论课实践教学的队伍主要有两支：一是思政课教师；二是辅导员队伍。因为辅导员本身就是思想政治教育队伍中重要的一支队伍。辅导员作为承担思想政治理论课实践教学的主体，除了他们与思政课教师一样都具有政治素质过硬的特点外，还因为他们具有以下优势。

（一）辅导员比思政课教师更了解学生

无论是在理论上探讨，还是思想政治理论课教学改革的实践都表明，了解学生思想动态、发展脉搏，并在此基础上突出思想政治教育的针对性，是确保思想政治理论课实效性的前提。思政课教师编制在思想政治理论课教学单位，除授课外，平时与学生一般没有接触机会。特别是很多高校迁往了大学城，思政课教师多住在远离学校的地方，更是阻隔了他们与学生接触、了解的通道。而辅导员是大学生思想政治教育的骨干力量，是学生生活的管理者、活动的组织者、思想的引导者，全天候和学生摸爬滚打在一起，是高校中与学生联系最紧密的教师队伍。这也使他们最有条件与学生结交为朋友，获得学生思想变化的第一手资料，成为最能及时把握学生思想变化的教师。这些无疑都利于他们开展更富有针对性的实践教学。

（二）辅导员有较强的组织管理能力

辅导员比思政课教师有更强的发动学生参与实践教学的组织管理能力和条件。思政课教师组织实践教学常遇到两个难题：一是虽然具有较高的理论素养，但很多人组织学生参加实践教学的能力不强；二是由于平时与学生接触少等原因。在学生积极性不高的情况下，组织实践教学较困难，且难以保证较高的出勤率。与思政课教师相比，虽然辅导员的理论水平一般都不及前者，但思政课教师的短板恰是他们的长处，即组织管理学生活动的能力更强。同时，由于辅导员与学生接触多，在组织

实践教学时,可打“感情牌”,辅导员对学生入党、评定奖学金等有较大影响力。学生也更有可能买辅导员的“账”。这些都有助于在更大程度上保证学生的全员参与,并提高学生在实践教学中的出勤率。另外,不能忽视的是,辅导员对学生家庭情况更了解,便于在合理合法的范围内通过学生来调动其家长所掌握的资源,开拓实践教学新渠道。

(三)辅导员队伍整体素质

与思政课教师相比较,辅导员这支队伍更年轻,精力更旺盛,一般都具有硕士以上学历,文化素质较高,很多都具有教师资质,可缓解思政课教师数量不足、向实践教学投入精力不够的问题。思政课教师师资短缺,是很多高校的一个突出问题。中共中央宣传部、教育部《关于进一步加强高等学校思想政治理论课教师队伍建设的意见》要求“本专科思想政治理论课专任教师要总体上按不低于1∶350～1∶400的比例配备”。

三、高职院校辅导员承担思政课实践教学的积极效果

(一)高职院校辅导员承担思政课实践教学有助于保证思政课教学的整体性

辅导员承担思政课实践教学,不仅有助于突破辅导员与思政课教师间缺乏横向联系的难题,从“两股劲”变成一个整体,还有助于突破实践教学难以保证全员性的难题,真正实现实践教学服务课堂教学的目的,从而提高思政课的整体水平。在思政课教师的指导、配合下,辅导员承担主要的实践教学,使实践教学与课堂教学实现“同目标、同内容、同进度、同考试”。

1. 同目标。即实践教学与课堂教学在每门思想政治理论课及在各教学单元层面上都要服务于共同的教学目的,并共同针对学生的主要思想问题。

2. 同内容。强调的是实践教学不能偏离课堂教学所教授的重大理论观点和要解决的学生的主要理论困惑。除了思政课教师在课堂教学中重点讲授该问题外,还要求辅导员在组织实践教学时要围绕这一困惑问题继续开展教学活动,以期深化学生的认识、破解思想困惑。

3. 同进度。即要求在教学单元层面,实践教学与课堂教学大体上同步,进度不能快于课堂教学,也不能落后太多,以稍晚于课堂教学1～2周为宜。

4. 同考试。即实践教学成绩作为学生思想政治理论课考试成绩的基本组成部分,占总成绩的30%～40%。

（二）高职院校辅导员承担思政课实践教学有助于提高辅导员素质

从总体上说，工作在学生思想政治教育一线的辅导员队伍政治强、业务精、作风正，德才兼备，热爱思想政治教育事业，但也存在政治思想水平和业务素质有待提升的问题。通过辅导员承担思想政治理论课实践教学，有助于推动辅导员加强理论学习，提高马克思主义理论水平。

组织好实践教学，既需要较强的组织活动的能力，还特别需要具有较高的马克思主义理论水平。在实践教学中，辅导员要认真钻研思想政治理论课教材，分析思想政治理论课的教学重点、难点，了解学生思想上存在的主要问题，关注对学生有较大影响的社会思潮并研究、把握其内容、性质等，还要做好实践教学设计，以推动学生对重要理论的认知、认同和转化。同时，在实践教学中，辅导员还可通过与思政课教师的相互协作，得到思政课教师的辅导和帮助。这些实际上都是辅导员不断加强理论修养、提升政治素质的学习机会。

（三）高职院校辅导员承担思政课实践教学有助于增强辅导员的归属感

辅导员承担思政课实践教学，有助于辅导员在职务或职称上得到提升，增强归属感。辅导员工作量大，工作岗位重要，但在待遇、职称等方面大都无法与同龄专业的教师相比。而且差距有可能会越拉越大。一些辅导员不可避免地产生了心理落差，从而影响了工作积极性，导致归属感减弱，甚至“身在曹营心在汉”，致使该队伍不稳定。辅导员借助承担思想政治理论课实践教学的机会，能够不断提高马克思主义理论水平，提升组织管理能力，增强开展学生思想政治教育的实效性，为自己积累更丰富的经验，创造更优质的工作业绩，这些都有助于辅导员在职务上获得提拔，评定教师系列或政工系列职称，对提高辅导员待遇、稳定辅导员队伍有重要意义。在职称评定中，辅导员常面对两个重要的制约因素：一是科研成果数量不足，级别不够；二是课时不足。

辅导员通过承担思政课实践教学，不仅可以解决课时不足的问题，更重要的是通过他们对思政课实践教学内涵、规律、机制以及遇到的种种问题的深入思考，能发现很多科研选题，有助于辅导员争取获得科研课题的资助，产生较多高质量科研成果，从而增强在评定职称中的竞争力。

（四）高职院校辅导员承担思政课实践教学有利于稳定辅导员队伍

长期以来，辅导员队伍未能形成一支像专业教师一样的稳定队伍，他们中绝大部分比较年轻，有的在带完一届学生之后就转到其他岗位了，造成辅导员成熟一批走掉一批，有的甚至“中途退场”。辅导员队伍的高流动性，导致承担思想政治理论课的辅导员的高流动性，常常是没过几年就换一批人。与此同时，大部分高职院校为辅导员提供的思想政治理论课的课程总量尚不能满足辅导员队伍的上课需求，普遍存在辅导员“轮流上课”的现象，这更加剧了辅导员队伍的不稳定局面。而思政课实践教学是以辅导员所带班级为授课对象，具有普遍性，不但计算课时，也与思政课教师一样计算课酬。在高职院校教师收入构成中，课时费是重要组成部分，但辅导员以往较少有获得课时费的机会。通过承担思政课实践教学，辅导员可以获得一定数量的课时费，帮助他们缩小与同龄专业教师之间的收入差距，通过改善辅导员待遇、提高收入水平来稳定辅导员队伍，也为高职院校思想政治教育的可持续发展创造了条件。

第三节　高职院校思政课实践教学的制度保障

一、高职院校独立设置“思想政治理论社会实践”课

独立设置“思想政治理论社会实践”课，确保其必修课的课程地位。思想政治理论课“05 方案”已经明确要求各高校将实践教学纳入思想政治理论课教学，与其他大学课程一样，作为大学生的必修课。思想政治理论课实践教学的一切教学目标、教学方式都必须适应或不超越大学教育规律、教育体制本身，它的教育功能必然是在规范的教育功能实现的基础上才能得以实现。由此，从课程的视角来开展思想政治理论实践教学，才能不被边缘化，才能发挥其育人的各项功能。

各高职院校主要有两种组织管理方式：① 将实践教学的任务和课时分解到具体的课程中，以课程为单位开展实践教学活动；② 将实践教学任务和课时单列出来，由专门的教研室来负责组织实施。从教学管理的角度来看，单独设置实践教学课，更有利于发挥实践教学的整体功能，提高教学效率。同时，单独设置课程能够凸显其课程地位，提高教学的组织效率，便于整合校内外的教学资源。由此，比较好的做法是把每一门思想政治理论课的实践学时统一起来，单独开设一门新课——“思想政治理论社会实践”课，按照必修课的标准实行规范化管理。教务处将其作为必修课，排进每学年下学期的课程表，下达教学任务，规范教学要求，健全教学制度，这样就能在一定程度上避免实践教学随意性大的现象，从而实现实践教学的长效化和规范化。

二、高职院校增设思政理论社会实践课教研室

思想政治理论课教学部可成立专门的教研室，专门负责“思想政治理论社会实践课”的组织管理工作。作为一门综合性的必修课程，实践教学牵涉面广、教学方式灵活、教学人员较多，需要成立专门的组织机构来负责协调各方面的关系，整合校内

外各种教学资源，从而实现权责明确、管理高效的目标，有效避免政出多门、相互推诿以及各自为营的现象。为此，思想政治理论教学部专门成立了一个教研室，负责"思想政治理论社会实践"课的组织、实施和管理，配置适量的专职教师，下拨相应的教学经费和办公经费，出台相应的规章制度。

要严格按照必修课程的要求，制订和完善教学管理规章制度。为了保证实践教学的顺利开展，学校管理层面应当按照必修课的要求，制订思想政治理论课实践教学的指导方案。思想政治理论课教学部（或马克思主义学院）进一步制订了《思想政治理论社会实践课实施方案》和《思想政治理论社会实践课教学大纲》等规范性文件，明确规定实践教学的目标、步骤、要求、考核等各项教学环节，要求任课教师按照教学大纲组织实践教学，进行成绩考核，并制定相关的奖惩措施，从而做到有章可循。

三、高职院校思想政治理论课实践的课时保障

高职院校要明确思想政治理论课实践教学的学时与学分。传统的教学管理只注重对理论教学的管理，对实践教学的管理则很容易被忽视，其中主要原因是学校的教务管理部门没有明确理论教学与实践教学的学时与学分，因此，要创新思想政治理论课的实践教学管理，就要明确实践教学的具体学时与学分。

1. 在充分调研的基础上，明确"思想道德修养与法律基础""毛泽东思想和中国特色社会主义理论体系概论"等思想政治理论课程的理论教学和实践教学的学时与学分的分配比例（"学时文件"原文），更加注重实践教学环节，适当提高实践教学的权重比，构建比较合理的思想政治理论课学时与学分体系。

2. 不要将思想政治理论课的实践教学学时、学分与专业课所要求的社会调查混淆起来。这是两个不同的概念，前者是课程教学所需要的，并纳入了专业课教学范畴；后者是进行思想政治教育的手段与方法。

3. 思想政治理论课实践教学的学时与学分要纳入思想政治理论整体的学时与学分，而且各门具体课程的实践教学学时与学分要切实落实经费保障（"经费文件"原文）。

四、高职院校思想政治理论课实践的考核保障

高职院校思政课实践教学的考核评价，是根据思政课实践教学目的和要求，对思政课实践教学的过程和效果进行评价。为避免把实践教学活动变成走马观花，保证实践教学活动的质量和效果，必须制定一套完善的、适合高职院校的管理制度和考核办法。在实践教学活动开始，必须制订完整详细的实践教学活动计划，明确目标和任务，要有合理的实践过程安排以及有针对性的内容等。教师在实践过程中要及时有效地对学生进行指导，把计划中的目标和任务具体落实，使得整个过程按照

预定方案进行，并保证取得预期效果。实践活动结束后要进行客观的总结和评价。许多高职院校在考评方面没有形成一套规范的考评体系，考察指标单一，把学生完成的实践报告作为唯一的考评依据，缺乏对学生在实践过程中的整体表现的考查。实践教学的考评要反映学生思想政治素质提高的规律，反映思想政治理论课实践教学的规律，要考查学生理论联系实际的分析问题和辨别是非的能力等。

为便于考评，思政课教师要注意实践教学的可操作性，尽量量化考评指标，制定考评标准。教师要对实践教学进行及时总结，形成实践报告，找出本次实践教学活动的成功与不足之处，提出改进的意见。因此，考评不仅要针对学生，教师也要接受考评。考评教师的教学计划是否科学，是否得到贯彻实施，教学组织是否到位，教学效果是否明显；考评学生是否参加了思想政治理论课实践活动，在实践活动中是否发挥了自己的主观能动性，总结或体会的写作情况及水平。总的来说，对学生的考评要坚持过程与结果、知与行、动态评价和静态评价、教师评价和学生自评相结合的原则。在对学生的综合考评中，应加大实践成绩和学分的比重，形成规范、合理、客观、系统、多元的实践教学考评体系，促使教师认真教学，学生认真参加实践，确保思想政治理论课的实践教学深入持久地开展下去。

思政课实践教学的考核评价遵循的原则是：① 客观性原则。评价标准只有客观公正，才能调动教师和学生的积极性、主动性。要从高校实际出发，定量和定性分析相结合，排除人为因素干扰，尽量做到客观、公正和实事求是。② 实效性原则。在评价过程中，要力避形式主义，注重实际效果。主要看学生的认同和参与、学生思想认识的提高程度。效果评价不仅要看做了什么，而且要看应该怎么做，是否达到了思政课教学目的。③ 可行性原则。主要是评价指标要从高校思政课实践教学工作实际出发，要简便易行，真正使评价对高职思政课的实践教学起到推动、促进作用。

五、高职院校思想政治理论课实践的经费保障

我国教育部和各省教育主管部门都对思政课教学及实践教学活动的经费有一定数额的规定，现在最主要的是落实这项经费（“经费文件”原文）。有了经费保障，才能资助思政课教师的科研及社会考察活动，为思政课教学及社会实践提供生动、丰富的专题资料和典型实例。同时也才能有利于思政课实践教学的基地建设，有利于学生积极参加实践教学活动。

高职院校思想政治理论课实践教学的经费主要包括组织学生参观考察费用、社会实践联系费用、教师带队差旅费、实践教学研究项目或成果的制作出版费用、教学实践基地费用、思政社团活动经费以及教师社会实践费用，等等。可以看出，实践教学不同于课堂理论教学，足额的经费投入是开展实践教学活动的重要基础，没有相应的经费做基础，实践教学活动是不可能很好地开展起来的。近几年，中央和各省市下发了不少关于加强思想政治理论课的文件，其中有些规定是量化的指标。在思

想政治理论课专项评估中，也有关于经费的具体量化指标。可以说，从政策层面来看经费是有保障的，但关键是在现实中，很多高校不按照要求来做，使得好的政策变成了一纸空文。所以，在经费的使用上，学校必须明确规定此项经费专款专用、不得挪用，并严格按照学校的财务制度和审批程序来进行，以确保学校的经费投入能够实实在在地落实到实践教学活动上，为实践教学活动提供坚实的物质保证和稳定的经济来源。

从教学管理的角度来看，要让实践教学经费落到实处，需要树立以下三个意识：① 大局意识。既包括学校领导对思想政治理论实践教学地位的高度重视，也包括思政课教学部从学校人才培养的大局出发，积极提升实践教学的实效，促使学校领导舍得投入和乐意投入。② 多渠道筹措的意识。学校专项拨款是思想政治理论课实践教学经费的最重要来源，此外，也可以通过智力输出的方式与有关企事业单位、实践教学基地，本着“互利互惠”的原则筹措经费，以弥补专项经费的不足。③ 效益意识。思想政治理论课实践教学的经费来之不易，要保证专款专用，把有限的经费真正用在“刀刃”上，发挥经费的最大效益。

第五章

高职院校思政课实践教学的体系构建

大学生思想政治理论课是一个理论性和实践性紧密结合的课程体系。理论教学是基础,它是严谨的、深邃的,它是提纲挈领的引领,它有高瞻远瞩的思考;实践教学是"翅膀",它是活泼的、生动的,它是深入浅出的运用,它有脚踏实地的收获。高职院校思想政治理论课实践教学作为课堂理论教学的拓展和延伸,是深化思政课教学改革、加强针对性、增强说服力、提高实效性的重要途径。目的是巩固思想政治理论课的理论教学成果、提高思政教育的教学效果。所以,在教学中采取理论与实践相结合的教学方式正是契合思想政治理论课的特点,并将丰富和发展思政理论课的实效和意义。而这一切的实现首先需要构建一个科学有效的实践教学体系。

实践教学体系是一个有机的整体,学术界一般从广义、狭义的角度来加以定义。广义的实践教学体系一般指实践教学中各个要素组成的相互联系、相互制约的有机整体,包括目标、内容、管理、保障、评估等几个子体系;狭义的实践教学体系"则是指实践教学的内容体系,即围绕专业人才培养方案,在制订教学计划时,通过合理的课程设置和各个实践教学环节(实验、实习、实训、课程设计、毕业设计、创新制作、社会实践等)的合理配置,建立起来的与理论教学体系相辅相成的教学内容体系"。思想政治理论课的实践教学体系既符合实践教学的一般规律,又呈现出思政课独特的内容。这里论述的主要是狭义的思想政治理论课的实践教学体系。

第一节　高职院校思政课实践教学体系构建的基本内容

习近平总书记在全国高校思想政治工作会议上的讲话中指出:"教育强则国家

强。高等教育是一个国家发展水平和发展潜力的重要标志。"作为关系高职院校人才培养的思想政治理论课是通过开展思想教育、党的理论和党性教育、道德教育和法治教育对大学生进行思想引领，对于培育和践行社会主义核心价值观、贯彻落实"四个全面"战略理论，正确认识实现中华民族伟大复兴的历史使命等具有重要的作用，这是关乎高等教育人才培养的重要方面。思政理论课的实践教学体系也需要围绕这个目标进行规范建设。

一、高职院校实践教学思想体系的建设

实践教学的思想体系包括对思想政治理论课实践教学的目标价值、指导思想、基本原则的认识定位，它同样且必须具有丰富而深刻的思想内涵。其内容主要包括：① 实践教学不是为了完成实践教学而进行实践教学，而是与理论教学乃至整个"大思政"的价值目标是一致的，即为提高大学生的思想道德水平、政治理论素养和创新能力，培养较高的思想政治素质和较强的职业素质的合格人才，与当前高职院校教学的整体需求和终极目标是契合的；② 实践教学是促使大学生从"知"到"行"的转变，在实践中激发学生学习理论、运用理论和创新理论的积极性和主动性，实践教学不是理论教学的补充，而是与理论教学共同构成思想政治教育的有机内容，是综合评价大学生思想政治教育的完备性、科学性和实效性的重要指标；③ 实践教学不是、更不能停留在实践操作的层面，它需要在实践中运用理论，并丰富和发展理论，因此，实践教学的思想体系与理论教学的思想体系一脉相承，共同服务于大学生的思想政治教育。

因此，从教育主管部门到学校，再到每一位老师、学生都需要认识到实践教学的思想性，重视并积极落实实践教学工作，将实践教学的思想性贯穿实践教学的始终。

二、高职院校实践教学资源体系的建设

实践教学体系的构建必须有一系列教学硬件和软件的提供，才能保障实践教学的顺利开展，这些软件和硬件构成了实践教学体系资源环境。

适合思政课特点的实践教学体系必须要有与之相适应的实践教学管理机制作为其前提条件。其管理机制包括以下内容：① 分级组织管理。高职院校思政理论课实践教学的管理实行校、院两级管理体制，由学校负责对实践教学制定相应的管理办法和措施，各二级学院具体负责实践教学的组织和实施。② 教学制度管理。目前，大部分高校学生必须按照专业教学计划进行课程安排，而将思政课的实践教学与学生的专业进行衔接，让思想政治理论课走进学生的专业，实现思想政治理论课"与专业同向同行"，将"思政课程"打造为"课程思政"，实现大学生思想政治教育途径的多样性和灵活性，促进学生的创新能力的最大化发展，完善实践教学制度。

③ 运行评价管理。建立起包括思政教育资源、软硬件条件、校内外实践基地等在内的实践教学资源，有效利用和共享开放的机制，保证实践教学资源得到有效利用，为实践教学活动的开展提供可靠的保障。同时，需要对实践教学的各个环节制定相应的评价反馈机制，促进实践教学质量的提高。对于思政理论课而言，实践教学的全员覆盖是一大难题，怎样在有限的实践教学资源中挖掘无限的潜力，为惠及全部大学生的需求，这是思想政治理论课实践教学一直探索的目标。因此，丰富实践教学资源，扩大实践教学对象，让思政理论课的实践教学成为每一个大学生都能有效参与的常态化课程。

高素质的思想政治理论课实践教学的师资队伍是实践教学体系构建的质量保障。“教师是人类灵魂的工程师，承担着神圣使命。传道者自己首先要明道、信道。高校教师要坚持教育者先受教育，努力成为先进思想文化的传播者、党执政的坚定支持者，更好担起学生健康成长指导者和引路人的责任。”这是习近平总书记在全国高校思想政治工作会议上对教师提出的要求。教师作为思政理论课改革的实践者，不仅需要全情投入的奉献，更需要破釜沉舟的毅力，在教学理念、模式和实效上用创新激发思政课实践教学的新活力。

近年来，为提高实践教学的效果，建立实践教学的长效机制，实践教学人员在教学活动中从“主体”走向了“主导”。实践教师队伍素质的高低直接关系学生实践能力、创新能力培养的好坏。因此，高校要加强思想政治理论课实践教学师资队伍的建设，以适应新的实践教学体系要求。思想政治理论课的教师既需要理论的功夫，又要有实践的经验。所以，高校要抓好“双师型”实践教学师资培养工作。通过各种培训、培养途径，使他们既具备扎实的基础理论知识、较高的教学水平，又具有很强的专业实践能力，将深奥的政治理论落地当前的政治实际，结合学生的重点关切，才能更好地带领和指导学生开展实践教学工作。

在实践教学过程中，“教”与“学”双方地位和角色关系较课堂教学更具有平等性、民主性、互动性，学生不再是处在被动的地位和角色，而是主动积极地参与教学活动，更有利于激活学生的主体性，加快学生“知行”的统一。

三、高职院校实践教学管理体系的建设

思想政治理论课实践教学从总体上讲，目前已经得到了普遍的认可，但在重点操作层面上却不尽如人意。所以，从学校层面上讲，加强对实践教学的管理非常重要。

1. 制定规范化的实践教学管理制度。建立实践教学的总体性制度，规定实践教学课时分配、学分划分、课程开设、机构设置、教学监控、教学考核等。然后依据总体性制度修订完善各个实践教学环节的管理制度。在完善各个实践教学环节的管理制度时，要注明管理细则，制定可操行的管理标准，以便于对管理中各种违规行为起

到约束控制作用。最后，制定实践教学管理文件，包括大纲、计划、课表、指导书等，这些都属于纲领性文件，在教学中起引导作用。这些实践教学管理的纲领性文件由校内和校外专家共同制定，以统筹实践教学的校外、校内管理，确保管理的全面性、科学性。

2. 从校（院）级设立实践教学最高管理者。主要负责学校整体层面的决策、组织、指挥、协调与监督，拟定指导性意见与合适的质量考核标准，负责学校机构内相关人员的任免，对实践教学实行过程控制。教务部门积极配合上级并做好与中间管理层的协调、沟通。根据上级做出的重要决策与传达的重要精神，细化并制成具有操作性的管理制度；指导思想政治理论课教学部门拟定好各类实践教学计划，实施方案，协调教学资源在各个院系之间的分配，提高资源利用率优化管理效益；组织专家、学者做好对各个院系思想政治理论课实践教学效果的考核，并将信息反馈给学校、思想政治理论课教学部门及各个院系，以便调整实践教学计划，根据考核结果做好激励与惩罚工作。实践教学具体的管理层次是思政理论课教学部门与各院系，负责根据校级层次的决策，结合各专业特点特色，制定各专业的实践教学目标、教学计划及实施方案，并联合实践基地的校外导师对实践教学进行监督、考核。这也是符合思政理论课与“专业学习同向同行”的要求。对于实践教学具体的落实和实施，主要由思政理论课教师与各专业的带头人负责，根据上级精神确定本专业各个实践环节的具体实施计划，及时向上级汇报实施情况并经常进行反思、总结。

3. 完善实践教学监控机制。在繁杂琐碎的实践教学管理中，监控可以说是其中的关键一链，通过密切监督教学运行情况可以随时发现问题，从而调整、完善以实现预期目标。实践教学还应当建立实践教学激励机制，改变学校对思政课重视程度不够、实践教学处于边缘地位的现状，为此，需要重新调整师生认识，运用恰当的激励措施鼓励师生主动参与实践教学。

四、高职院校实践教学方法体系的建设

思政理论课实践教学方法是根据实践教学的价值目标进行落实实践教学要求、实现实践教学效果的重要手段，是教学质量的重要保障手段之一。正确、科学、合理的教学方法能够顺利实现教学目的，充分优化教学结构，不断提高教学质量。

高职院校在思想政治理论课实践教学中，应根据实践教学的内容、教学对象和教学环境，充分利用教学条件而能动地进行运用。比如，在“毛泽东思想和中国特色社会主义理论体系概论”课中，运用问题导入性的教学方法在实践教学中具有启发式教学的特点，能充分发挥学生的主体作用，让学生回归实践教学的阵地；又如，“思想道德修养与法律基础”课程的操作性教学法是实践教学中对理论的反复运用，对方法的反复推敲，落实从“知”到“行”，最终实现真正的“知”。另外，发展性教学法、范例教学法、合作教学法，团队教学法等都是实践教学中经常采用的方法。

需要指出的是，教学方法是不断发展变化的，要积极处理好以下几种关系：教学目的与学生个性的关系、教学内容与教学手段的关系、方法的既定性与教学过程的不确定之间的关系、教学策划与学生认识程度的关系、继承传统优秀教学方法与创新的关系、课堂教学方法与课外教学方法的关系。以上几个方面的因素相互联系、相互作用，构成了较为完整的实践教学系统。

教学目的是实践教学体系建构的目标和归宿，教学内容是实践教学体系建构的基础，教学结构是实践教学体系建构的关键，教学方法是达到实效教学目的和效果的途径。当然，以上分析主要是从学校课程教学层面去分析，思想政治理论课实践教学体系还包括思想政治理论课的实践教学基地的积极参与、实验实训基地的建设、政府及相关行业的大力支持以及实践教学理论的不断改进和发展等。

五、高职院校实践教学过程体系的建设

实践教学是一个持续性的教学活动，从实践教学的开始就一直呈现出过程性的特点，从唯物辩证法的角度来讲，甚至可以说实践教学是一个没有终点的教学模式，因为从理论到实践，再升华理论，再回归实践，是一个循环往复的过程。因此，重视实践教学过程体系的建设是正确把握实践教学的特点、正确采用实践教学方法的重要依据。

实践教学的过程体系包括以实践教学的目的为指导，从实践教学的整体性出发，制定详尽的实践教学大纲，落实实践教学内容，灵活运用实践教学的方法，层层推进，分步落实，一定要把实践教学作为一个整体性、动态性的内容来进行，重视过程性的表现和评价，不能将最终的实践教学结果作为唯一追求的目标和评价的指标，切勿陷入功利主义的陷阱，或者只停留在完成实践教学任务的表面层次上。实践教学的结果固然重要，但实践教学过程中的思考、收获乃至失败都是实践教学的果实，有的教训或不解甚至是激励师生更加深入研究的动力。因此，思想政治理论课的实践教学动态性的特点决定了实践教学的常教常新，这也是思政理论课永葆生机与活力的砝码。

六、高职院校实践教学考核体系的建设

构建思想政治理论课教学评价体系对于高职院校思政课、教师和大学生来说都是极其重要的。它是提高思想政治理论课实践教学实效性、促进教师业务能力提高和大学生综合素质提升的重要途径。

在构建实践教学评价体系过程中必须遵循科学的原则来指导实践教学的进行，包括导向性原则、科学性原则、系统性原则、可操作性原则、实效性原则。总的来说，在进行评价的时候，要坚持真理目标和价值目标的统一；阶段目标和终极目标的统一；检验学生对理论的认知、对理论的运用能力和检测学生发现解决新问题、创新理论发展能力的统一。

实践教学评价主体应该多元化，主要由实践教学指导小组、学生、指导教师、同行专家等组成。大学生是思想政治理论课实践教学活动的主体，涉及他们的评价包括三方面：对教师的评价、自我评价、同学互评。教师是实践教学的组织者和实施者，他们根据评价体系指标，对学生参与实践教学活动的态度、表现及效果等进行综合评定。对教师的“教”和学生的“学”进行评价是思想政治理论课实践教学管理部门的重要职责，他们的参与实现了理论教学与实践教学的有机结合。

从宏观的角度来看，实践教学评价客体包括主管部门对实践教学的重视程度、资金投入、教材建设和教学手段、教学人员的实践能力和学生实践能力等。从微观的角度来看，评价客体则为学生和教师，各自的指标有所不同。对学生的评价要坚持知识与能力、过程与方法、情感态度价值观“三维一体”的评价；对教师的评价要从组织能力、管理水平和业务素质方面进行评价。

对实践教学活动进行动态跟踪和评价考核可以有效地调控整个思想政治理论教育的过程。首先，实践教学的评价及考核，能够为思想政治理论课制订实践教学的计划、目标，确定教学内容，选择教学方法等提供客观依据；其次，教学主管部门根据评价考核的结果采取奖励和处罚措施，能够鼓励学生积极参与实践活动，进而对思想政治教育起到引导、调节和推动作用。

构建和完善实践教学评价及考核体系要注意以下几点：① 实践教学评价及考核体系要具有可操作性；② 实践教学评价及考核体系能够全面反映学生在实践活动中的表现，并予以客观公正的测评；③ 实践教学评价及考核体系要具有导向性，能够正确地引导学生。

思想政治理论课实践教学的评价体系作为实践教学体系的重要内容具有督导和激励作用，在评价体系的作用下，实践教学的推进将更加有保障，其教学效果也会更加有保障。

第二节　高职院校思政课实践教学体系构建的目标及要求

建立思政理论课实践教学体系对于思政课的规范开展和全面评价有着重要的意义。高职院校思想政治理论课实践教学体系构建的目标是指导实践教学开展和评价的重要指标，只有确立客观、真实的目标价值，才能从容开展实践教学活动，进行实践教学成效的验收。思政理论课实践教学的总目标是培养学生将思想政治理论与实践相结合，培养实践技能，使学生具有较强的理论创新精神，具备运用理论创造性解决实践问题的综合能力，提升学生相关理论素养并锻炼其具有可持续发展潜力。因此，高职院校思想政治理论课实践教学将以构建知识目标为基本，能力目标为拓展和思想目标为境界，三者融合的目标为追求。

一、高职院校思想政治理论课实践教学体系构建的目标

1. 确立实践教学的知识目标。知识传授是思想政治理论课教学的基本内容，是实践教学的基础环节，也是培养学生能力目标和思想目标的起点。实践教学的知识目标不同于理论教学对知识、概念、原理等的记忆，更重要的是在社会实践中的深入理解、掌握和运用。在实践教学中，思想政治理论课中属于工具性的知识能帮助学生认识问题和解决问题；思想政治理论课中属于常识性的知识能帮助学生拓宽视野，了解常识与常态，对社会大环境有更好的认识和思考。另外，思想政治理论课中的专业知识在实践教学中能将理论进行转化，有助于学生拓宽视野，在解决问题时有助于触类旁通。理论在社会实践中往往会遇到一些复杂多样的难题，因此，需要学生借鉴不同类别的知识进行解读，学会融会贯通。特别是思想政治理论课中理论性很强的问题更需要学生在实践中进行形象认知。因此，学生在实践教学过程中可以通过实践操作、现场观摩等方式体验课本中的理论知识，弄清各种知识的来龙去脉。简而言之，就是要通过实践让理论知识在教学过程中得到还原，让学生切身体会到知识的生成过程。这就需要学生在实践活动中善于运用调查研究的方法，通过接触社会，了解国情、社情，客观进行分析，比对理论，深化对理论的掌握，形成对理论的反思。

图 5-1　思政课社会实践之教学观摩

2. 确立实践教学的能力目标。在实践教学知识目标之上的是能力目标的实现。高校思想政治理论课实践教学要帮助学生完成从书本到现实，从课内到课外，从理论到实践的发展，使学生通过实践教学可以提高运用马克思主义理论认识、分析和解决现实问题的能力，不仅有“鱼”，而且还会“渔”。在实践教学中要锻炼学生对政治理论的实际应用能力，怎样将理论与社会实际联系起来，用所学的理论解释实际问题、解决实际问题。比如，在思想道德修养与法律基础课上对学生进行法治教育，学生学习了法律知识，懂得了权利义务是什么，那么在实际生活中遇到自己的权利被侵犯的时候，怎样进行事实判断，怎样做出法律维权，都是学生将所学知识进行实践运用的能力，而这种能力更应当是一种综合性的能力。当然，在实践教学中还能锻炼学生的拓展能力，包括能够终身不断学习的能力。另外，思政理论课的实践教学对学生的综合素质能力的锻炼极为丰富，其中包括基本公民道德、符合要求的思想政治素质、良好的身体和心理素质、遵守职业道德规范，等等。其次，要爱岗、敬业、忠诚、奉献，要有强烈的职业责任心、严谨求实的工作作风、遵守职业工作规范和安全规范等职业素质。科学技术发展日新月异，学生还要具备积极进取的精神，以及不断学习钻研新业务的意识。在实践学习过程中，学生要达到从一个检验理论到理论创新的飞跃，不仅要在实践中掌握理论，更要在实践中开拓、反思与创新。更广义地讲，学生在实践教学中能接触不同的事物，涉足多方面的领域，学习和掌握一些技术和技巧，并积累一定的实际操作经验，这对培养学生的组织能力、表达能力、辨别能力等都大有裨益。因此，在实践教学中，不仅仅是思想政治理论知识的狭义实践，更是丰富多彩生活的广义实践。

3. 确立实践教学的思想目标。高职院校思想政治理论课实践教学的终极目标是提升学生的思想境界，培育积极的世界观、人生观和价值观，也就是说，思想政治理论课实践教学要更加凸显“德性培育”，这是思想政治理论课实践教学最为突出的特色目标。在中共中央宣传部、教育部《关于进一步加强和改进高等学校思想政治理论课的意见》中，对思想政治理论课教学目标的描述是：“帮助大学生树立正确的世界观、人生观、价值观”“引导大学生正确认识肩负的历史使命，努力成为德智体美全面发展的中国特色社会主义事业的建设者和接班人。”因此，高校思想政治理论课绝不是仅仅让学生接受知识，更高层次的目标是培育他们高尚的道德情操，造就良好的德性。因此，实践教学不能仅仅是通过一系列的实践环节还原知识，更多的是要经过实践教学环节让学生在“绝知此事要躬行”中获得课堂和课本上所无法获得的知识。因此，思想政治理论课实践教学更突出对学生世界观、人生观、价值观的培养。特别是在当前多元文化交叉共存，多元价值观相互影响的新环境下，高职院校思想政治理论教育对于培养大学生的社会认同、文化坚持和理想信念起到了重要作用。

二、高职院校思想政治理论课实践教学体系构建的要求

高职院校思想政治理论课实践教学体系的构建与理论教学相辅相成，二者在教学内容上的有机融合、在教学模式上的协调互动、在教学功能上的优势互补，实现了理论教学与实践教学的一体化，这是思想政治理论课丰富和发展的必由之路。

1. 建立理论教学与实践教学在内容上的有机融合。思想政治理论课的理论教学是通过课堂讲授的形式，向学生传授马克思主义理论、中国特色社会主义理论体系的知识，培育社会主义核心价值观的过程；实践教学是通过一定的课内课外形式，结合当下社会现实和学生的实际，组织学生体验、参与具体的教学过程，加深学生对马克思主义理论的理解和认知，培养学生观察问题、解决问题的实际能力。

因此，理论教学和实践教学的优化整合则是实现知识与能力的有机结合，所以，在教学内容上二者的有机结合表现在：① 理论教学的内容要得到实践成果的印证。理论教学内容以教材为准，但又不能完全照抄照搬教材，在具体教学过程中需结合当前中国最新的社会现实和学生的实际来展开。在课堂讲授中既坚持理论主线，又引用当前大量案例予以印证，既有吸引力，又有说服力。② 实践教学内容坚持科学理论的指导。学生的思想、心理尚未成熟，对社会现实认知能力有限，在参与社会实践时存在一定的盲目性。实践教学内容应紧紧围绕课堂理论教学内容，在科学理论的基础上，选择学生心存疑惑或有认知误区的教学主题，引导他们带着问题参与实践，在实践中学习并运用马克思主义理论来认识、分析、解决问题，从而进一步建立对马克思主义理论的正确认知。

2. 实现理论教学与实践教学模式上的协调互动。思想政治理论课理论教学多以课堂教学为主，教师在固定的时间和地点讲授理论观点，这是学生最熟悉的思想政治理论课课堂，但在这样的课堂教学模式下出现的教学效果又让学生倍感陌生。而实践教学既有课内实践教学，也有课外实践教学，主要是学生参与体验不同类型的实践活动，将学生变成真正的主体，这种理论教学与实践教学的协调互动是学生不熟悉但又喜欢的教学方式。

理论教学与实践教学优化整合，带来的是课堂实践教学紧密结合理论教学，以服务于理论教学的有效模式来激活课堂。传统的课堂上，全盘的理论灌输已经被现实淘汰，教师在课堂中根据教学内容组织诸如案例讨论、情景展示、比赛活动等课堂活动，在有限的课堂教学时空里注入动态的教学要素，引导学生积极思考、主动参与，改变课堂的单一和乏味，有利于提高理论教学效果。课外实践教学应积极配合理论教学，以换时空、换头脑的方式拓展理论教学。通过建立思想政治理论课实践教学基地、开展校地合作、校企合作、组织各类学生社会实践活动等形式，将动态实践教学从课内移到课外，带领学生走向广阔的社会，以活生生的现实和切身体验让理论知识走进学生的内心，激发学生对现实的观察和反思。

3. 打造理论教学与实践教学功能上的互补优势。思想政治理论课理论教学和实践教学各具不同的功能，在教学过程中要实现大学生对马克思主义理论学习的“入脑、入心”，需要二者共同发力，形成互补。首先，理论教学与实践教学的动静结合、主体效应能促进大学生对马克思主义基本理论的主动认知，做到对马克思主义理论的真学、真懂。其次，理论教学与实践教学能为大学生提供坚实的马克思主义理论基础与运用于实践的机会和平台。学生通过主动参与、亲身体验，提高马克思主义理论知识的运用能力，在对马克思主义理论的情感认同上，最终实现对马克思主义的理论认同。再次，理论教学与实践教学有机结合，在通过实践对理论的检验、促进之后，形成对马克思主义理论学习的真心喜爱，最终实现对马克思主义的真诚信仰。辩证唯物主义认识论认为，从实践、认识，再实践，再认识，这种循环往复以至无穷的形式是认识的逻辑路径。而思想政治理论课理论教学与实践教学相结合，正是遵循了认识论的这一规律，促进大学生在马克思主义理论学习中从真学、真懂到真用，最终实现真信，树立坚定的马克思主义信仰。

党和国家历来高度重视实践育人工作，坚持教育与生产劳动和社会实践相结合是党的教育方针的重要内容。坚持理论学习、创新思维与社会实践相统一，坚持向实践学习、向人民群众学习是大学生成长成才的必由之路。进一步加强高校实践育人工作，对于不断增强学生服务国家、服务人民的社会责任感，以及勇于探索的创新精神和善于解决问题的实践能力具有不可替代的重要作用。对于坚定学生在中国共产党领导下，走中国特色社会主义道路，为实现中华民族伟大复兴而奋斗，自觉成为中国特色社会主义合格建设者和可靠接班人具有极其重要的意义；对于深化教育教学改革、提高人才培养质量，服务于加快转变经济发展方式、建设创新型国家和人力资源强国具有重要而深远的意义。

第三节　高职院校思政课实践教学体系构建的思路及方法

以人为本是现代社会一个重要的理念，作为育人工程的高职院校思想政治教育，自然要严格贯彻、体现这一时代理念，切实做到以学生为本。

在当今时代，学生群体出现了多样化趋势，学生学习能力、学习兴趣等方面的差异也日益显现。因此，尊重学生个体差异，满足不同学生群体的学习需求就成了培养应用技术型人才的关键，也是提高实践教学质量、构建完善实践教学体系的保障。高职院校在构建实践教学体系时，应该全面了解受教育对象的个性、能力差异，并且将这些学生群体按照一定的标准划分为几大类，因材施教。另外，坚持以学生为本的原则进行实践教学体系的构建，还要求高校在实践教学中以全面提升学生综合素质为目标，按照学生差异化的需要设计多层次的教学内容，完善教学环节、丰富教学的方式方法。

在这样的原则指导下，实践教学体系的构建要紧紧围绕学生的需求进行，将培养学生良好的思想政治素养和提高社会实践能力作为导向，探索一条既按课程类别进行“分层”构建，又按课程目标进行“集中”构建的思路与方法。

一、高职院校按课程类别进行“分层”构建

所谓“分层模式”，就是以现有的本科四门、专科两门思想政治理论课为基本框架，根据每一门课的特殊性，设计针对性较强的社会实践教学模式，在社会实践的方式、内容等方面突出具体课程的特征。所谓“综合模式”，就是以“毛泽东思想和中国特色社会主义理论体系概论”课为核心，淡化课程界限，整合教师力量，集中进行社会调查。

比如，“思想道德修养与法律基础”是日常思想行为规范课程，这是思想政治理论课中的基础课程。其实践目标是强化和优化学生的思想道德观念和法律意识。采用“学生实践手册”方式，要求学生实践“五个一”工程，即读一本好书，养成一个好习惯，做一次义工，组织一次法庭旁听，召开一次主题班会。“中国近现代史纲要”的实践教学目的是通过对那些具有教育和启迪意义的历史事件或历史人物的了解，采取“办一份历史小报”和参观革命纪念建筑物的形式，以期对学生进行爱国主义教育。“马克思主义基本原理概论”这一课程的实践教学目标是提高学生自觉运用马克思主义的立场、观点和方法来理解和分析现实问题的能力。采用朗诵、PPT 演讲等多种形式开展“我对马克思主义的认识”的大讨论。比如，以中国共产党建党一百周年为契机，落实立德树人的根本任务，更好地为党育人，为国育才，结合“毛泽东思想和中国特色社会主义理论体系概论”授课内容，思政教师把党史教育贯穿思政课堂，激发学生学习党史的热情，弘扬中国共产党的精神谱系，把社会主义核心价值观灌输进学生的头脑，同时组织师生开展社会实践及进行党史现场教育。4 月 16 日上午，马克思主义学院带领智能工程系学生在皖北烈士陵园举行“学党史、感党恩、跟党走、创先进”祭奠先烈实践教育教学活动。6 月 20 日，学校领导和马克思主义学院全体教师以及针灸推拿专业 2003 级学生等奔赴涡阳县新四军第四师纪念馆举行社会实践活动。这些实践学习，让学生了解了党艰苦斗争的历史，充分认识到幸福来之不易，学生深受教育。同时，也让学生认识到在学好专业技能的同时，也要努力学习党史，铸就红色思想，立志在实现中华民族的伟大复兴中贡献自己的力量。

二、高职院校按课程目标进行“集中”构建

“毛泽东思想和中国特色社会主义理论体系概论”这门课主要讲述马克思主义理论与中国革命和建设实践相结合的理论成果，在思政课教学中处于核心地位。学

这门课时学生已经进入下半年的学习，比较系统地学习了专业课程，掌握了一定的专业技能，对自我有了一定的了解，职业理想越来越清晰，具备了解社会、奉献社会的理性认知，所以，“毛泽东思想与中国特色社会主义理论体系概论”实践课程可以设计两个部分：① 组织学生依托专业知识广泛开展科技文化服务活动，如科技咨询、科技扶贫、法律咨询、理论宣传和创业实践等，把实践教学与专业实习相结合，专业性与思想性相交融，更好地促进学生的全面发展；② 进行专题调查，走访企业、农村、考察家乡或学校所在地区经济社会发展的历史和现状等，加深学生对中国特色社会主义的认识和理解，坚定大学生立志成才、报效祖国的决心。在组织过程中与学校团组织和学工办联合，安排专门的指导教师，对学生社会实践活动报告进行认真批改，并以“优秀”“良好”“中等”“及格”和“不及格”来评定成绩，成绩及格(含及格)以上的学生即获得相应学分，每位指导教师从其负责指导和批改的实践报告中按一定比例推荐、参与优秀实践报告评奖。

第六章

高职院校思政课实践教学的评价体系

思政课实践教学的管理重在落实，包括健全的组织机构，充足的经费保障，得力的实践教学执行机构，思政课实践教学实施方案、教学大纲、学生手册、评价体系的制订，思政课实践课时和学分以及教学指导老师的落实。

第一节　高职院校思政课实践教学的实施

一、高职院校思政课实践教学实施方案

为贯彻落实中共中央、国务院《关于进一步加强和改进大学生政治思想教育的意见》和中共中央宣传部、教育部《关于进一步加强和改进高等学校思想政治理论课的意见》的文件精神，进一步发挥思政课在思想政治教育中的主渠道作用，结合高校通识教育教学的实际和特色，特制订思政课实践教学实施方案。

（一）指导思想

为适应学校人才培养的总体目标，探索思想政治教育与通识教育相结合的发展方向，更新教育观念，思政课实践教学着眼于引导和帮助学生掌握马克思主义的立场、观点和方法，树立正确的人生观、世界观和价值观，坚持主渠道和多途径相结合，充分调动“教”和“学”的积极性；坚持理论联系实际的原则，密切联系当代中国的实际和时代的发展，着眼于提高教学效果，加强思政课实践教学，增强思政课教学的针

对性、实效性、说服力和感召力。

党的十八大以来，以习近平同志为核心的党中央高度重视思想政治理论课建设，做出了一系列重大决策部署，思想政治理论课建设在改进中不断加强，课堂教学状况显著改善，大学生学习思想政治理论课的获得感明显增强。

（二）组织机构

1. 领导小组。成立以校党委为领导的实践教学领导小组。校党委书记或者主管副书记任组长，主管教学的副校长、党委宣传部部长、教务处处长和思政课部主任为副组长，二级学院的系党总支副书记为组员。领导小组为思政课实践教学的领导机构，负责全校的思政课实践教学领导工作。

2. 指导部门。思政课教学部（或马克思主义学院）为思政课实践教学的组织指导单位，负责思政课教学计划中有关实践教学内容的修订落实，制订学校思政课实践教学的实施方案，审核二级学院实践教学计划，检查、督导、指导思政课实践教学指导教师（二级学院辅导员兼任）的实践教学活动，审核实践教学的经费使用，总结评价实践教学效果等。

3. 实施部门。各二级学院（系）负责思政课实践教学具体工作，成立二级学院（系）思政课实践教学领导小组，负责辅导员管理的党总支副书记任组长，教科办主任为副组长，教科办成员为组员，领导小组设在教科办。思政课实践教学纳入二级学院人才培养方案，统一管理实施。思政课实践教学指导教师，由二级学院辅导员兼任，负责所管理的学生思政课实践教学指导，履行教师职责，享受思政课兼职教师待遇，包括课时计算和兼课的课酬津贴。

4. 管理机构。教务处为全校思政课实践教学的职能管理部门，负责审批思政课实践教学计划，协助联系建设学校思政课实践教学基地，审核思政课教师实践教学工作量计算办法，实践教学课时按实际工作量计算课酬，课酬不低于理论课时的标准，下达思政课实践教学的经费指标，检查、督导、协调全校的思政课实践教学活动。

5. 协助部门。教务处、团委、学生处和学校后勤部门，要积极配合、协助有关系（部）开展思政课的实践教学活动。

（三）学时和学分

根据学校《专业人才培养方案》的规定，学生在校学习期间，应按《专业人才培养方案》和学校《关于通识课程改革的若干意见》的要求，通过思政课实践教学课程，获得相应的学分。思政课实践教学学分，分别为“毛泽东思想和中国特色社会主义理论体系概论”，1 学分；“思想道德修养与法律基础”，1 学分。

根据教学计划安排，原则上“思想道德修养与法律基础”课实践教学安排在新生入校后的第 1 个学期，理论课教学完成后，期末开始实施并完成，也有在教学的期中完成的。

（四）教学模式与内容

1. 制订方案。由思政课教学部制订实践教学实施方案、大纲、教学内容、评价标准和实施手册等。

2. 组织实施。思想政治理论实践教学课在思政课教学部的指导下，由二级学院（系）组织，实践指导教师具体实施。

3. 实践教学的模式与内容。

（1）课堂实践教学模式：课堂实践教学模式，是思政课实践教学活动的“第一课堂”，是一种课堂讲授“升级版”的实践教学模式。课堂实践教学模式主要包括情景模拟、角色扮演、主题演讲、案例分析、小组讨论、专题辩论、学生讲坛、音像展播、翻转课堂等。课堂实践教学，由思政课教学部负责实施，纳入理论课教学一起计算学时和学分。

（2）校园实践教学模式：校园实践教学模式，是思政课实践教学活动的“第二课堂”，是指学生在课堂之外、校园之内开展的实践活动。校园实践教学模式主要包括网络实践、专题讲座、时事研讨、主题电影、知识竞答、读书交流、校内调研、课外作业等。

（3）社会实践教学模式：社会实践教学模式是思政课实践教学活动的“第三课堂”。社会实践教学模式主要包括参观考察、公益活动、社会调查、勤工俭学、课外科技活动、服务性学习、基地实践等。

学生必须在校园实践和社会实践这两大类实践模式中，挑选若干学习内容，完成学习任务，并将成果呈交给指导教师，计入思政课实践教学成绩，修满课时，成绩合格，获得学分。二级学院（系）实施思政课实践教学时，可以根据国内形势的变化和本部门实际情况的需要，有选择地实施灵活多样、丰富多彩的实践教学活动。

（五）基本要求

1. 对教师的要求。

（1）指导教师要认真组织、亲自参加、抓好重点、指导全面，保证每次活动收到应有的教学效果。每次实践教学活动结束后，指导教师要组织学生进行总结交流会或报告会（学生谈收获、体会等），并对本次实践活动情况进行总结、评价，写出总结报告备案。整个实践活动结束后，指导教师可以组织学生通过展板、优秀论文集出版等形式展示实践教学的成果。

（2）思政课实践指导教师在每次实践教学前，都要对学生开展专题培训。在参观学习、社会调查、座谈研讨等活动结束后，实践指导教师要及时评阅学生的调查报告、观后感、小论文或实践学习的心得体会，并结合学生在整个实践教学活动中的表现，综合评定每个学生的实践教学课程成绩，并评选出优秀实践课作业。

2. 对学生的要求。主要包括：① 参加以小组为单位的实践教学活动，在成绩评定和对其他小组成果的评定中，积极发表个人意见并打分，力争使小组成绩评定体现每个人的意见，做到客观、公正、合理；② 在实践课程前，要在教师指导下选定调研课题，并做好必要的准备工作；③ 在实践教学活动中，要服从指导教师的统一安排和指挥，遵章守纪；④ 每次实践课程结束后，要完成一份调查报告或通过实践学习对所学理论加深理解的心得体会，并附相关的实践资料。

（六）成绩评定

思想政治课实践教学成绩评定采用百分制，平时表现与实践成果各占 40%和 60%。学生的成绩达到 60 分及以上为及格，60 分以下为不及格，不及格者一律重修本门课程。

学生必须亲自参加实践教学活动，杜绝任何形式的抄袭、“搭便车”等行为。一经发现，成绩记为零分。以团队形式参加实践教学活动的学生，第一执笔人的成绩可以获得优秀，其余成员的成绩不能获得优秀。没有调研类实践成果的学生，该门课程成绩不能获得优秀。

二、高职院校实践教学指导教师实施方案

《教育部关于加强高等学校辅导员班主任队伍建设的意见》指出：“辅导员是高等学校教师队伍的重要组成部分，是高等学校从事德育工作，开展大学生思想政治教育的骨干力量，是大学生健康成长的指导者和引路人。”高职院校承担思政课实践教学的队伍主要有两支：一是思政课专职教师；二是辅导员队伍。在高职院校中，辅导员主要负责学生的思想教育工作和管理工作，应把思政课实践教学同辅导员对学生的教育工作结合起来，充分发挥思政课教师队伍与辅导员队伍“教辅结合”的优势。

（一）辅导员承担思政课实践教学的优势

辅导员作为承担思政课实践教学的主要力量，除了与思政课教师一样都具有政治素质过硬的特点外，还具有以下优势。

1. 将思想政治教育贯穿育人全过程。辅导员的本职工作应该是思想政治教育。而在现实工作中，辅导员从“思想政治教育工作者”变成了学生的“保姆”和“办事员”，工作时间和精力大部分都耗在繁杂的事务之中。辅导员担任思政课实践教学指导老师是其本职工作的回归。

2. 与思政课教师形成教育合力。辅导员兼任思政课实践教学指导老师，既可在一定程度上补充思政课专职教师队伍，又可避免教学与管理脱节的弊端。辅导员与思政课教师作为高校思想政治教育的两支重要力量应有机结合，从而形成强大的教育合力，由专职教师负责思政课的“第一课堂”教育，辅导员负责“第二课堂”教育。这样既能激活高校思政课教学，又能延伸辅导员的工作内容。

3. 促进理论知识与社会实践的紧密结合。辅导员平常与学生接触的时间和机会比较多,对学生比较了解,可以利用工作优势,对不同的实践课程采取不同的活动形式,让各具特色的思政课实践教学活动成为思政课教学的补充和延伸,实现书本知识与社会实践的有机结合。另外,辅导员对学生家庭情况更加了解,便于调动学生家长所掌握的资源,开拓实践教学新渠道。

4. 发挥辅导员的组织管理能力优势。辅导员有发动学生参与实践教学的组织管理能力和条件。辅导员是学生生活的管理者、活动的组织者、思想的引导者,全天候地和学生摸爬滚打在一起,是高校中与学生联系最紧密的教师队伍。这也使他们最有条件与学生结交为朋友,获得学生思想变化的第一手资料,及时把握学生思想变化。这些无疑都有利于他们开展更富有针对性的实践教学。辅导员对学生入党、评定奖学金等方面有较大影响力,有助于保证学生的全员参与,提高学生在实践教学中的出勤率。

5. 完善辅导员的知识结构。辅导员在指导思政课实践教学过程中,要不断地提高自身的政治素养和业务素养,逐步完善自身知识结构。担任思政课实践教学指导老师,有利于辅导员理论水平的提高,科研能力的提升;有利于促进辅导员职业化、专业化成长和发展。大学生的思想政治素质如何,与辅导员的思想政治素质有着直接的关系。辅导员要准确地向学生传播党的路线、方针和政策,需要通过不断学习和掌握较高的马克思主义理论知识、较精深的人文社会科学知识,这样才能在实践教学指导中对学生形成较强的吸引力。

(二) 辅导员承担的思政课实践教学工作任务

辅导员承担的思政课实践教学工作任务主要包括:① 授课对象,所带的一届学生人数为 200 人左右;② 授课时间为 3 年。新生入校后的第 1 学期至第 5 学期结束。③ 根据学校《思政课实践教学实施方案》和《思政课实践教学大纲》要求,结合学生专业、班级特点,制订所带学生思政课实践教学计划和实践教学具体实施方案,指导学生成立思政课实践教学活动小组、制订小组和个人思政课实践教学学习计划。④ 按照学生人数 10%的比例,组织一部分学生开展参观考察、社会调查、青年志愿者等社会实践活动,并观察学生的出勤情况与表现,协调解决实践教学中出现的问题。⑤ 督促学生按计划在规定时间内完成 60 学时、3 学分的思政课实践学习任务。⑥ 审阅、批改学生实践活动的方案、总结或调研报告等文字成果,评价学生在实践教学中的表现。⑦ 依据《思政课实践教学大纲》的《考核办法与成绩评定》,评定学生成绩。⑧ 在第5 学期,思政课实践教学结束后的两周内,录入学生成绩。

(三) 辅导员承担思政课实践教学工作待遇

辅导员承担思政课实践教学工作待遇主要包括:① 承担思政课实践教学的辅导员享受兼职教师待遇,在教师系列职务评聘、评先评优等方面,与专职教师一视同仁；② 课时计算，按实践教学规定的60学时，大班教学乘以相应系数计算；③ 课酬计算，根据学校有关规定，按行政兼课教师计算，无基本课时量，由辅导员所在院（系），根据辅导员的专业技术职务等级统一计算发放；④ 鼓励并支持辅导员结合大学生思政课实践教学开展教学研究，不断探索和创新大学生思政课实践教学的思路和办法；⑤ 鼓励并支持辅导员参加培训、进修，不断提高辅导员的思想政治素质和业务素质。

（四）辅导员承担思政课实践教学工作评价

辅导员承担思政课实践教学工作的评价，由二级学院（系）组织，于第5学期进行，采取自评（30%）、学生评价（40%）、二级学院考评小组（30%）相结合的形式。主要评价下列内容：① 思政课实践教学计划完整、规范，教学进度、内容按授课计划与思政课实践教学大纲进行。② 学生实践活动内容合理，及时认真完成规定的实践指导任务；按时结束实践课程，录入学生成绩，成绩单填写规范，给分合理，上交及时。③ 积极参与校内外思政课实训基地建设，积极联系学生思政课实践教学单位（有协议或学生已到单位开展思政课实践活动）。④ 主动承担思政课实践教学改革工作任务，进行教学方法及教学内容改革，提交完整材料，开发思政课实践教学新项目。项目须得到院（系）认可和应用。⑤ 为人师表、态度和蔼，结合课程内容进行育人教育，指导学生社会实践活动，主持校园实践活动，为学生做专题教育和素质教育讲座等。⑥ 积极参加思政课教学团队组织的各种会议和活动，交流思政课实践教学经验，完成科研工作任务。

第二节　高职院校思政课课堂实践教学评价

实践教学评价是根据社会发展的需要和开展教育活动的现实条件，确定和检验教育目标；依照教育目标、评价对象和条件、与教育活动有关人员的愿望、需要和意图以及现有的各种规章制度和科学理论，设计出以评价标准为核心的评价方案；遵照评价方案，实施评价活动。

所谓课堂实践教学评价，是指在系统、科学、全面地搜集、整理、处理和分析课堂教学信息的基础上，对课堂教学的价值做出判断的过程。其目的在于促进课堂教学改革，提高课堂教学质量。思政课课堂实践教学模式，是指在一定的教学理论指导下，为实现特定的教学目标而设计的一种教学模型。它不仅是一种教学手段，而且是从教学原理、教学内容、教学目标、教学任务、教学过程，直至教学组织形式的一个整体、系统的操作样式。

思政课课堂实践教学评价应从以学生为主体、精心组织准备、培养学习方法和思维方式、课堂实践教学的驾驭、课堂分享与小结等五个方面入手。

一、以学生为主体

（一）师生共同参与

“以教师为主体”还是“以学生为主体”，是区别传统课堂教学与课堂实践教学的主要依据。一般课堂教学，无论是理论讲授还是案例教学，大多是以教师为主，学生处于次要地位。实行课堂实践教学，就是要实现由“以教师为主体”到“以学生为主体”的转变，突出学生的主体地位。但是，强调“以学生为主体”，并不是否定教师在其中的地位。相对于学生的主体地位来说，教师起着至关重要的组织与引导作用，是完成课堂实践教学的重要保证。

（二）理论指导实践

课堂实践教学是课堂理论教学的补充，应以理论教学为中心，通过多样且合适的实践教学形式和内容来充实、拓展、丰富课堂理论教学的内容，使理论真正联系实际。通过理论教学内容来丰富实践教学内容，用理论来指导实践。实践教学的主题应根据理论教学的相关内容来确定，要具体而明确，突出教学目标和目的，便于学生得到直观而生动的教育。

（三）学生自主获取知识

在教学活动中要提倡学生独创性地研究和发现真理，不主张传统的“课要讲深讲透”的观点，而要留有余地或有意设疑，增加学习难度，让学生去研究探讨。讲课时，不必过于追求广征博引，而应做好“举一”，让学生自己“反三”，使教学过程不断沿着“有疑、无疑、有疑”的轨迹螺旋式上升，使学生在掌握学习方法的同时具备一定的研究能力，以提高学生获取知识与创新知识的能力。应该在必要指导的前提下，尽可能地创造宽松的学习环境，最大限度地调动学生学习的积极性，让学生能动地、创造性地学习。这样，在教学过程中，学生不再是被动、消极的听众，而是主动的求知者。

二、精心组织准备

“台上一分钟，台下十年功”，要实现课堂高效教学，必须做好课前准备。备课不是单纯地写教案，不仅要花工夫钻研教材、理解教材，仔细琢磨教学的重、难点，更要了解学生的实际情况，合理设计教学活动。仔细考虑课堂教学中的细节问题，充分考虑课堂上学生可能出现的认知偏差，针对可能发生的情况设计应急预案，确保课堂教学的顺利进行。

（一）精心安排教学内容

这是保证课堂实践教学能否取得预期效果的一个首要因素。教师不仅要熟悉教材，也要熟悉学生，要选取思想性、教育性、针对性、现实性较强的内容，让学生学习与思考。

课堂教学时空的局限性决定了课堂实践教学规模小、时间短、活动紧凑的特点。因此，实践教学要精心设计，充分准备，主要包括：① 实践教学主题要依据理论教学内容来确定，以一节或一个问题为中心设计主题，简洁明了，不可贪多求大；② 实践教学的形式要根据教学内容灵活选用，以最能表现教学内容的教育意义为原则，确定实践教学方案；③ 课堂实践教学的时间不宜过长，一般不超过一课时，要保证理论教学的时间。

（二）充当学习的指导者

教师不是学生的“领导者”，而是学生学习和做人的“指导者”“辅导者”和“服务者”。有些国家的教育领域把老师称为“学习指导者”，这种说法很有启发意义。

（三）认真安排教学环节

这是保证课堂实践教学能否取得预期效果的一个基本因素。教师要做好课堂实践教学的准备工作包括：① 课前将本次课要讨论的材料提供给学生，让学生提前阅读并提出问题；② 在课堂讨论开始前，将班级学生每 10 人左右分为 1 个讨论组，进行讨论，每组推选出 1～2 人做主题发言，将小组讨论情况以及主要观点与全班同学交流。教师对学生讨论情况进行点评、总结，充分尊重学生的意见，凡言之有理者，都予以鼓励。

（四）深入讨论与延伸阅读

在学生学习讨论的基础上，提出新的问题，再次让学生讨论。这是课堂实践教学中需要重视的一个环节，即深入讨论与延伸阅读。教师在对学生的看法进行评论后，应根据教学目的，引导学生思考，与学生进一步讨论材料，使学生有更深的认识。然后，指导学生根据认识情况撰写学习报告，以巩固学习效果。教师要灵活运用辅助手段，根据教学内容，适当选用相关图片与视频，以增强教学效果。

三、培养学生的学习方法和思维方法

1. 教会学生“怎样学习”。美国著名现代教育家珍妮特・沃斯指出：“在知识经济时代，学习怎样学习，比学习什么更重要。”教师不仅要传授理论知识内容，更要注重教会学生“怎样学习”。

2. 从辩证的视角进行质疑和批判。当学生掌握了好的学习方法和思维方法，就可以把这些方法应用到任何科目以及迅速更新的知识学习中去，从而在知识增量不断变化的情况下，做到以不变应万变，而且可以从辩证的视角进行质疑和批判，并最终发现不合时宜的知识内容，做到知识创新。

3. 驾驭知识的能力。我们应该学习国外很多大学的做法，大力推行思政课课堂实践教学的问题考察、课题研究等学习方法，采用小论文的考试形式，把考查学生运用知识、多角度解决问题的能力和创新意识放在首位，真正通过考试提高学生分析问题和解决问题的能力，培养和锻炼学生思维的深刻性、条理性、周密性、敏捷性和创新性，从而真正提高素质。

4. 发展学生独立思考和独立研究的能力。教师不仅要把所要教授的基本知识、基本概念、基本原理传授给学生，而且还要把前人的独创经验和方法适时地教给学生，把教学过程作为科学研究过程的"雏形"，或者作为科学研究过程的"模拟"。这样可以引导学生进行独立的探索，发展学生独立思考和独立研究的能力。

四、课堂实践教学驾驭

1. 关注学生的课前学习情况。教师要充分关注学生的课前学习情况以及遇到的问题，与学生及时交流，督促、指导与辅助学生学习。首先，教师要在课前把问题给学生。这个问题是根据教学内容与安排提出的，只是课堂讨论的方向未必是某个具体的问题。其次，学生自学与准备。让学生根据要讨论的问题查阅资料，做好笔记；让学生根据阅读情况，提出自己的问题和看法。学生提出的问题，是围绕课堂讨论的大问题而发散出来的子问题，是课堂讨论问题的具体化。

2. 把握课堂节奏，调动课堂气氛。在课堂讨论时，要把课堂交给学生，教师要做好管理与辅导学习工作：① 引导学生围绕讨论问题与教学目标进行讨论；② 注意把握课堂讨论的节奏，调动课堂气氛，保证课堂讨论、交流顺利进行；③ 对学生的观点予以适当点评，多予以鼓励与表扬。

3. 督促、指导与辅助学生学习。考虑到部分学生的学习兴趣不高、主动性不强，教师的督促就非常关键，是关系到课堂实践教学成功与否的重要因素。教师应根据课堂讨论情况，结合课前学生的学习准备，写一篇学习报告，对整个实践教学活动做总结，帮助学生实现由知识学习向能力培养方面的转化。

4. 激发学生的创新精神和创造能力。在课堂实践教学中，教师应当尊重不同类型的学生，以一种分类关心、个别引导、全员帮助的态度来积极营造和谐的教学氛围。尊重学生还体现为激励、赞赏学生。抓住合适的机会给学生以诚挚的鼓励，使他们得到肯定和奋发学习的动力。赞赏不仅仅要针对学生学习中小小的进步、积极的努力和成绩的提高，更重要的是赞赏每一位学生的独立性、兴趣、爱好和专长，赞赏学生对教科书的大胆质疑和对教师的超越，赞赏学生的创新精神和创造能力。只有这样，我们的课堂实践教学才能真正达到教学效率极大提高、学生健康成长的效果。

五、课堂分享与小结

1. 研究性学习。考虑到思政课教学的实际情况，一个学期内，一个学生专门深入研究一个问题即可，希望在这个研究性学习过程中，学生能够提出问题，有自己的看法，从而扩大知识面，培养学习能力。在课堂实践教学与理论教学紧紧相扣，对学生的教育和影响是直接的、具体的，时效性很强。

2. 组织学生进入分享环节。在课堂实践教学活动结束后，教师要及时组织学生进入分享环节，让学生谈感受和感悟，并给予适当的点评。

3. 综合讲述和分析。在分享环节之后，教师应对实践教学活动的意义做综合讲述和分析，回到理论教学的内容，以期达到实践论证理论、理论与实践相结合的教学目的。

4. 对实践教学活动全过程进行小结。在课堂实践教学结束之前，教师要对实践教学活动的全过程进行小结，对学生的参与予以表扬和鼓励，同时指出成功的地方以及不足的方面，以期在以后的课堂实践教学活动中进一步提高和完善。

第三节　高职院校思政课校园实践教学评价

思政课校园实践教学活动，是指学校在思政课课堂教育以外，有目的、有计划地对学生进行的多种多样的教育活动。它是学生课余生活的良好组织形式。苏联著名教育家苏霍姆林斯基认为，校园实践教学活动是学生“智力生活的策源地”，通过校园实践教学活动使“青少年迈上了科学思维的道路”。他认为校园实践教学活动是学生“个性发展的一个重要条件”，“只有当学生每天按自己的愿望随意使用5～7个小时的空余时间，才有可能培养出聪明的、全面发展的人才”。

一、校园实践教学评价指标构建原则

按照科学研究中实证与规范相统一的原则和要求，建立思政课校园实践教学活动评价指标有两个原则，一个是科学性，另一个是实用性。为了满足这两个指导原则的要求，在建立校园实践教学活动评价指标的过程中，应当遵循以下具体原则：① 导向性原则，指导校园实践教学活动工作，提供建设性意见和反馈信息；② 整体性原则，从校园实践教学活动整体出发，评价标准全面，各指标完整；③ 客观性原则，评价客观，准确地反映出评价的真实水平；④ 可测性原则，通过实际观察和测量而获得明确的结论；⑤ 简易性原则，指标体系做到简便易行，反映评价的真实目的，且行之有效。

二、校园实践教学活动评价表的操作

校园实践教学活动评价表的操作主要包括：① 组织学习评价表。在实施前，应组织学习评价表，理解评价指标体系的内涵，只有理解指标体系的内涵，才能正确驾驭体系。② 建立二级学院（系）指标体系评价小组。评价小组须挑选出业务水平较高、教学研究及教学管理能力较强、秉公办事、作风正派的教师参加，人数以5～7人为宜。组长则要由教育理论水平高、教学研究能力强、对教学评价有一定研究、工作认真负责、有较强组织工作能力的同志担任。③ 组织评价小组对指标进行学习讨论及修订完善。评价前要组织评价小组成员学习评价标准和评价记分办法，若标准要求有不恰当处或者评分不合适处，经评价小组讨论可以修改，评价时要依据修改后定下的统一标准和办法实施。④ 进行试评。选择若干人员进行试评，从中检验指标的可行性。⑤ 评价。评价前，评价小组全体成员要事先查看实践教学授课计划，了解学生情况，实事求是地做出评价。⑥ 评议统分。评价人员在经过评价后，按评价标准要求及教研室总体情况评定给分，评分要体现评价人意愿，一律以参加评价人员在评价表上所打分数为准，以评价小组全体成员的总分作为评价分，以所得总分的高低鉴定教研室或者用总平均分划分名次。

三、校园实践教学评价表

通过选取适当的指标，并对单个标准的指标体系定量评价，判断单个校园实践教学活动水平的高低，从评价结果中找出标准制订和实施过程中的薄弱环节。通过专家打分，对指标量化并利用层次分析法计算权重，实现定量评价单个校园实践教学活动评价指标标准水平的目的，为评价、制订和修改标准提供依据，有助于标准水平的提高。同时，还对校园实践教学活动评价指标体系标准进行试评，测试指标选取的合理性和可操作性，通过试评结果得出需要进一步完善的地方。

第四节　高职院校思政课社会实践教学评价

社会实践是学校教育的重要组成部分，很多高职院校已把社会实践列为学生的必修课。建立科学的社会实践效果评价指标体系，对学生社会实践效果进行科学合理的评价,不仅有助于提高学生参加社会实践的积极性和主动性,真正达到培养学生综合素质的目的,而且对促进社会实践教学的不断完善和良好有序发展有重要意义。

一、社会实践教学评价指标构建原则

目前,各高职院校针对学生社会实践教育效果的评价体系良莠不齐,有很多条目不具有可操作性及针对性,过分地注重经验性的考核而忽略了科学性内涵。评价体系的不尽完善,已经成为制约学生社会实践效用发挥的重要原因,导致社会实践往往流于形式,开展效果得不到有效跟踪考察,在一定程度上削弱了其对"强能力、增知识、长才干"的积极作用。因此,设计一个合理的社会实践教育效果评价指标体系,成了亟待解决的问题。

社会实践教学的评价是一个复杂的多因素系统问题,其评价内容是多方面的,只有对其主要因素及指标进行综合评价,才能保证评价体系的合理性及科学性。综上所述,应该采用定性与定量相结合的方法对学生的社会实践效果进行评价,一方面要考虑社会实践报告、辅助证明材料等适宜用定量来表达的内容;另一方面又要考虑学生在社会实践过程中收获的成长、对社会的贡献等适宜用定性来表达的内容,唯有如此,才能够真正客观、公正地对学生社会实践教育效果进行评价。

1. 可操作性原则。学生社会实践教学的形式多样、内容丰富。因此,对学生社会实践教学效果的评价,每一个测评指标都应有具体、明确的考核意义。指标应尽可能定量化,便于准确描述学生参与社会实践活动的情况。

2. 系统性原则。社会实践教学是一项涉及个人、学校和社会的系统工程,因此,对社会实践教学效果的评价应坚持系统性原则。所谓的系统性,就是应该保证评价体系具有整体性、层次性及相关性,应该重视社会实践内部各要素间的相互关联、相互作用。只有坚持系统性原则,才能全面考察社会实践教育效果的各个要素,并使其形成有机整体,从而进行有效控制。

3. 科学性原则。每项评价指标都须经过科学论证,要能直接反映学生参与社会实践教学的情况,各指标名称、概念要科学准确,建立的评定模型也要科学合理,充分运用现代科技对社会实践教学效果进行定量评定,并保证评定结果的一致性和准确性。

二、评价指标说明

(一)社会实践教学实施效果

社会实践教学实施效果是反映学生参加的社会实践最终实施结果的指标,针对这一指标进行考核可以了解学生社会实践活动的开展情况，进而针对社会实践活动在锻炼学生策划、开展活动等方面的教育效果进行衡量。

1. 活动实施过程保障。在社会实践过程中要求学生做好前期准备工作，对社会实践活动有一个详细可行的策划，同时积极参与前期培训，并制订好安全保障措施。在整个活动过程中，接收单位、指导教师等应该多方面协作来共同保障社会实践的顺利进行。

2. 辅助证明材料。学生在规定时间内上交实践活动的辅助证明材料，材料应涵盖照片、视频、音频、活动过程中产生的文件(问卷、学习笔记)等。

3. 社会实践报告。学生严格按照规定时间及格式要求上交实践报告，报告的逻辑性强，内容丰富，能够切实展现学生在实践活动中的感悟与收获，同时应能与实际紧密联系，服务社会发展。

4. 宣传报道情况。在校内外各级媒体发表与实践相关的新闻，并通过展板、海报、新媒体等多种形式宣传社会实践活动进展情况，切实扩大活动的影响力，获得社会上的认可。

（二）实践者的成长发展

社会实践教学的最终目的是让参与其中的学生的综合素质和各方面能力都有所发展与提高，针对这一指标进行考核，可以切实了解学生在个人能力方面受到的教育情况。

1. 团队协作意识。衡量学生集体主义观念、分工协作精神，在实践过程中团队成员应该合作紧密，分工明确，应该紧张有序地完成各项工作内容，明白一个协作良好的团队的重要性。

2. 能力培养。学生在社会实践中能够有意识地逐步培养、加强自身的沟通能力、应变能力、表达与表现能力等，使自身综合素质有所提高。

3. 专业知识深化。社会实践的过程是一个将课堂所学与社会实际相结合的过程，学生在这个过程中应该能够在实际中检验所学专业知识，加深对课堂知识的理解与掌握。

4. 社会责任意识。学生在开展社会实践的过程中应该树立服务社会的意识，明确自己作为当代大学生应承担的责任与义务，逐步树立起社会责任感与时代使命感，积极为社会的发展进步贡献自己的力量。

（三）多方评价结果

学生社会实践教育效果的评价应该尽可能让与社会实践相关的群体都参与其中，综合多个方面的结果来得到一个客观公正的认识。

1. 答辩情况。由学院职能部门组织答辩，学生的答辩内容应富有条理，思路清晰，能切实反映实践收获，展现分析问题、解决问题的能力。

2. 实践者自我评价。由实践主体综合自身的实践收获,自主对教育效果进行评定。

3. 指导教师评价。由指导教师根据学生在实践中的表现及收获对教育效果进行评定。

4. 接收单位评价。由接收单位根据学生在实践中的表现及收获对教育效果进行评定。

针对学生社会实践教学效果的评价,要全面考虑影响学生社会实践教育效果的各种因素,将定性与定量分析有机结合,既能够充分体现评价指标和评价过程的合理性,又能尽量消除个人主观判断的片面性,从而使评价结果更为客观、实际。综合分析所构建的学生社会实践教育效果评价指标体系可以发现,该体系能较全面地反映主要因素,可以为社会实践教学效果考核提供评价依据。

第七章

高职院校思政课实践教学基地的建设

探索高职院校思想政治理论课实践教学基地建设，对于培养大学生的创新能力和实践能力，提高思想政治理论课教育教学的针对性和实效性都具有十分重要的意义。根据不同的实践教学目标和实践基地的自身条件，思想政治理论课实践教学基地有不同的分类。思想政治理论课实践教学基地建设应坚持以人为本，以学生为主体的指导思想，以提高学生思想政治素质和实践能力为核心，以适应思想政治理论课教学改革与发展为宗旨的思路，整合与优化各种社会教育资源，健全各项教学制度，加强内容规范化建设，建立和完善校内校外结合、结构合理、能满足思想政治理论课教学要求并具有思想政治理论课教学特色的实践教学基地，为全面推进思想政治理论课教学改革和发展服务。所以，建设多元化的实践教学基地是思想政治理论课实践教学的关键环节。

第一节　高职院校思政课实践教学基地的分类与意义

一、高职院校思想政治理论课实践教学基地的分类

根据不同的实践教学目标和实践基地的自身条件，思想政治理论课实践教学基地有不同的分类。依据实践教学基地的地域分布进行划分，可分为校内实践教学基地和校外实践教学基地；依据实践教学基地的物化性进行划分，可分为真实状态的实践教学基地和虚拟状态的实践教学基地；依据在基地开展的实践教学内容进行划

分，可以分为思想教育基地、政治教育基地、道德教育基地、法治教育基地、心理健康教育基地及综合教育基地等。本书重点讨论按实践教学内容的不同进行实践教学基地的分类。

（一）思想政治理论课实践教学的思想教育基地

思想教育基地是帮助大学生树立与社会发展要求相一致的思想，改变偏离社会发展要求的教育场所。思想教育的内容包括世界观、人生观、价值观的“三观”教育，其核心是社会主义核心价值观教育，集体主义教育和班风、学风、校风的教育。由此，思想教育基地又可分为“三观”教育基地、集体主义教育基地和班风、学风、校风教育基地等。思政课实践教学的科普教育基地包括各类科技馆、实验室等，其旨在让大学生了解最新科技发展方向，帮助他们提高科学素养和树立唯物主义的世界观。

思政课实践教学的劳动教育基地是使学生在参与劳动过程中树立正确的劳动观点，培养劳动习惯、卫生习惯，增强自理能力、珍惜劳动果实的教育场地。对于集体主义教育基地而言，可以把那些需要全体人员通过精诚合作才能完全实现任务目标的地方开辟成为集体主义教育基地。

图7-1　到曹操纪念馆研学

（二）思想政治理论课实践教学的政治教育基地

政治教育基地是用科学的政治理论武装学生的头脑，帮助他们树立坚定的社会主义政治信念，确立为中国特色社会主义而奋斗的政治理想的教育场所。依据政治教育的不同内容，可以将这类基地分为政治理论教育基地和爱国主义教育基地。政治理论教育基地包括马克思主义理论研究基地、干部培训基地、中国特色社会主义理论体系研究基地等。爱国主义教育基地包括各类博物馆、纪念馆、烈士纪念建筑物、文物保护单位、历史遗迹和展示我国两个文明建设成果的重大建设工程等,各地的自然风光、文物古迹、名胜景点能够激起人们对祖国壮丽河山和悠久历史文化的热爱之情,也应将其纳入爱国主义教育基地。《爱国主义教育实施纲要》对爱国主义教育基地开展活动提出了具体而明确的要求,运用爱国主义教育基地开展活动,要精心设计,周密组织。要根据教育对象不同的年龄层次、心理特点、知识水平和接受能力,科学安排活动内容,注意思想性和艺术性,力求富有吸引力和感染力。可以结合重要节日、纪念日,组织参观、瞻仰、祭扫活动;结合特定的教育主题,组织社会考察和社会实践活动;结合参观、瞻仰、考察,组织开展征文、主题演讲会、专题讲座、知识竞赛等教育活动。还可以把有关的历史事件、英烈事迹、建设成就编入党团课培训教材和校本教材,将其贯穿到思想政治教育和课堂教学中去。

图 7-2 到亳州博物馆研学

(三)思想政治理论课实践教学的道德教育基地

道德教育基地是加强大学生道德品质和修养的教育场所。依据大学生道德教育内容可以将这种基地分为三类:① 社会公德教育基地,主要开展文明礼貌、平等交往、助人为乐、保护环境等方面的社会公德教育,它又可以继续分为文明社区教育基地、环保教育基地、礼仪规范教育基地等;② 职业道德教育基地,主要开展诚实守信、爱岗敬业、奉献社会等方面的职业道德教育,如企事业单位的实习基地等;③ 家庭美德教育基地,主要开展尊老爱幼、勤俭节约、团结邻里等方面的家庭美德教育,如敬老院、幼儿园、儿童福利院等。

(四)思想政治理论课实践教学的法治教育基地

法治教育基地是对学生进行"知法""用法""守法""护法"等法治教育的场所。

法治教育基地的任务主要是对大学生进行社会主义民主法治观教育，如守法、用法、护法教育，纪律与规章制度教育、警示教育等。法院（法庭）、检察院、公安局（派出所）、监狱、劳教所、戒毒所、法制报（刊）社、青少年法治教育基地、法治文化广场、法治（普法）网站等一切适合向大学生开展法治教育活动的固定场所和载体都属于法治教育基地。学生可以在庭审现场观摩审判过程，可以走进监狱听犯人现身说法，可以观看法治展览，可以参与基地治安活动等，从而增强遵纪守法的自觉性。

图 7-3　在亳州市中级人民法院旁听

（五）思想政治理论课实践教学的心理健康教育基地

心理健康教育是大学生思想政治教育的有机组成部分，也是思想政治理论课的基本内容和思想政治理论课实践教学的重要载体，开展心理健康教育需要教学基地作为平台。学校的心理咨询中心、心理辅导机构及校外的专业医院和机构都属于心理健康教育基地。心理健康教育基地根据大学生的生理、心理发展特点，运用有关心理教育方法和手段，通过开展现场心理咨询、心理测试、心理图书展、心理游戏、团体培训、心理电影评析、心理知识竞赛、心理讲座、心理报告、心理电影模仿秀等形式多样的活动，提高广大学生对心理学和心理健康的兴趣，培养学生良好的心理素质，教育学生正确自我定位，既不好高骛远，又不自卑消沉、妄自菲薄；锻炼学生的意志，增强克服困难、战胜困难的信心和勇气；培养学生的团队精神，增强与人合作的能力和适应环境的能力。从而最终促进学生的身心全面和谐发展和素质的全面提高。

（六）思想政治理论课实践教学的综合教育基地

这一类的教学基地是实践教学基地的主体，这些基地活动内容丰富，可以全面提高学生的政治观念、思想观念、道德观念、法治观念。因此，难以归入上述五类教育基地中的某一类，可以称其为“综合教育基地”。思政课实践教学的综合教育基地主要包括以下几种：① 社会实践基地。社会实践基地拉近了学生与社会的距离，使学生有机会深入社会、深入工农、深入生产生活第一线，广泛接触社会，深刻理解党的路线、方针、政策，并在实践中提高认识、增强能力、服务社会。② 志愿服务基地。志愿服务基地可以结合自身实际，组织学生开展内容丰富的服务社会活动，从而培养学生的志愿精神与感恩情怀，弘扬和践行社会主义核心价值观。③ 勤工助学基地。勤工助学活动可以培养学生的就业意识、经济意识、管理才能和进取精神，使他们感受到生活的艰辛，培养对家庭的责任，增强他们爱父母、爱校园、爱国家的情感和艰苦奋斗、勤俭求学的好品德。④ 实施实训与就业创业基地。包括高校开辟的大学生科技园、就业指导与创业实习或见习基地等。通过这类基地，可以让学生知道社会所需要的人才应当具备什么样的素质，什么样的知识结构，什么样的专业技能。以此确定自己的学习目标，增强学生发奋学习的责任感与使命感。思想政治工作从根本上说是做人的工作，必须围绕学生、服务学生，因此，教育必须要有多样性。比如，在“大众创业、万众创新”的大潮中，充分释放全社会创业、创新潜能是这个时代的最强音，大学生作为“双创”的生力军，需要良好的外部环境支持，教师应提供多样化的指导服务，在学生的选择上给予更多空间。

思想政治理论课实践教学基地还可依据课程的不同划分为“思想道德修养与法律基础”课实践教学基地、“马克思主义基本原理”课实践教学基地、“毛泽东思想与中国特色社会主义理论体系概论”课实践教学基地和“中国近现代史纲要”课实践教学基地、“形势与政策”课实践教学基地等。

依据思想政治理论课教学的内容可以划分为五种不同类型的实践基地：① 认知性实践教学基地，主要以深化和巩固学生认知性的实践基地，如提供学生参观、访问等活动的实践基地；② 体验性实践教学基地，主要是为了培养学生的思想道德信念和情感而建立的体验性实践教学基地；③ 评价性实践教学基地，主要是在基地上配合课堂教学而开展的培养道德判断、道德选择、道德评价能力的实践教学基地；④ 行为养成性实践教学基地，主要是在基地上开展行为养成活动，根据思想政治理论课教学目的要求，培养学生养成良好的思想道德行为习惯的实践教学活动的基地；⑤ 综合性实践教学基地，主要在基地上开展综合性实践活动，就是具有培养知、情、意、行等内在统一性的实践教学基地，它既可以巩固深化学生的认知，培养道德情感，提高分析判断能力，又可以磨炼学生的意志，促进道德行为。

依据思想政治理论课实践教学环境与条件，思想政治理论课实践教学基地多是实践性教学基地。实践性教学基地是指利用课堂以外的时空，组织思想政治理论课教学活动的空间或场所。思想政治理论课实践教学活动在教学方式和教学手段上，与课堂理论教学相比，主要采取参观、实地调研、现场参与、共同研讨等形式。在内容形式上更加丰富、具体、感性，不再是强硬死板的概念、判断、推理等逻辑形式，而是活生生的事实、图像、景观和强烈的现场参与感，可以触发和增强学生的理论思维，巩固理论知识，实现由感性认识上升到理性认识的飞跃，比如当前 VR 技术在思想政治理论课实践教学中的运用已经开始推广，比如在“中国近现代史纲要”课程中，可以借助高科技的技术将我们带入真实的历史场景中，让我们身处历史大事件中，真实感受当时的形势，深刻体会历史的意义。

图 7-4　教学观摩

二、高职院校思想政治理论课实践教学基地建设的意义

1. 引导学生参与社会实践、社会服务，培养学生创新能力和实践能力。建立思想政治理论课实践教学基地对于增强学生社会体验，增进对国情、民情的了解，丰富学生的感性认识，深化思想政治理论课的课堂理论学习，对提高学生的思想道德素质和实践能力具有不可替代的作用。长期以来，高校思想政治理论课实践教学基地建设存在着学生在参与上缺乏广泛性、在内容上缺乏规范性、在时间上缺乏连续性、在组织上缺乏系统性、在实施上缺乏有效性等问题，从而导致思想政治理论课实践

教学难以可持续性开展。因此，探索思想政治理论课实践教学基地建设不仅是思想政治理论课教学改革和发展的需要，而且是培养学生创新能力和实践能力内在的需要。思想政治理论课实践基地建设是思想政治理论课实践教学的前提和重要载体，加强高职院校思想政治理论课实践教学基地建设，对提高实践基地建设质量意义重大。

2. 贯彻落实中共中央、国务院《关于进一步加强和改进大学生思想政治教育的意见》(以下简称《意见》)的基本要求。《意见》明确指出："高等学校要把社会实践纳入学校教育教学总体规划和教学大纲，规定学时和学分，提供必要经费。积极探索和建立社会实践与专业学习相结合、与服务社会相结合、与勤工助学相结合、与择业就业相结合、与创新创业相结合的管理体制，增强社会实践活动的效果，培养大学生的劳动观念和职业道德。……重视社会实践基地建设，不断丰富社会实践的内容和形式，提高社会实践的质量和效果，使大学生在社会实践活动中受教育、长才干、作贡献，增强社会责任感。"

同时，在中共中央、国务院《关于深化教育改革全面推进素质教育的决定》中也明确提出："全面推进素质教育，要面向现代化、面向世界、面向未来，使受教育者坚持学习科学文化与加强思想修养的统一，坚持学习书本知识与投身社会实践的统一，坚持实现自身价值与服务祖国人民的统一，坚持树立远大理想与进行艰苦奋斗的统一。"

因此，建立和完善思想政治理论课实践教学基地，广泛开展思想政治理论课实践教学活动，帮助学生理解和巩固马克思主义中国化最新理论成果，培养学生自觉地运用马克思主义基本理论、原理和方法分析和解决实际问题的能力，对学生形成科学的世界观、人生观、价值观和良好的道德品质具有重要价值，也是思想政治理论课教育教学改革的必然要求。

3. 提高学生思想道德素质和分析解决实际问题的有效途径。作为高校思想政治教育的主渠道和主阵地的思想政治理论课教学必须通过各种实践活动途径，切实加强思想政治理论课教学，不断提高学生思想政治素质和道德修养水平。因此，建立和完善思想政治理论课校内外实践教学基地，充分发挥校内外实践基地丰富的教学内容和教学资源，对学生进行生动、具体的爱国主义、集体主义和社会主义教育、道德法治教育以及国情、区情形势教育是最直接、最有效的方式和途径之一。多维的思想政治理论课实践教学基地可以促进学校教学与社会教育的结合，形成思想政治理论课教学多维互动的教学体系，进一步增强思想政治理论课教学的针对性、时代性、实践性和有效性，从而提高思想政治理论课的教育教学水平和实效。

实践教学基地建设是高校实践教学体系构建的环境保障，良好的实践环境是培养学生实践能力和创新能力的重要基础，所以，高校应该确立以校内实训基地发展为核心，稳定与扩展校外实习基地建设，采取校内外共建相结合的思路为推进高校实践教学改革的基本环境作保障。

第二节　高职院校思政课实践教学基地的开发与利用

思想政治理论课实践教学基地的开发和利用是一项系统性工程，在选择和建设过程中，需要坚持思想性与科学性相结合的原则、坚持目的性和实效性相结合的原则、坚持主体性和系统性相结合的原则、坚持统筹性与创新性相结合的原则以及覆盖性和安全性相结合的原则。

一、思想性与科学性相结合的原则

思想政治理论课实践教学基地的开发和利用要坚持思想性和科学性相结合的原则，这是首要原则，是思政课实践教学性质的直接体现。思想性是指思政课实践教学基地的开发利用必须坚持以马克思主义、毛泽东思想、邓小平理论，以及习近平总书记系列重要讲话精神为指导，坚持社会主义方向，全面贯彻和落实党的教育方针，以思想政治教育为主题，要重视人的精神价值和精神动力，着眼于对大学生进行世界观、人生观、价值观、道德观、法治观教育，确立他们实现中华民族伟大复兴的共同理想和坚定信念。

二、坚持目的性和实效性相结合的原则

思想政治理论课实践教学基地的开发和利用要为实现思想政治理论课教学的根本目的服务，体现出育人的宗旨。因此，建设思想政治理论课实践教学基地要明确思想政治理论课实践教学的根本任务，厘清思想政治理论课实践基地与思想政治理论课教学根本任务的关系，特别要处理好思想政治理论课实践基地建设与思想政治理论课教学课堂主阵地和主渠道建设之间的关系，不能偏离思想政治理论课教学的根本目的和主阵地、主渠道，任何不利于实现思想政治理论课教学目的的所谓实践教学基地建设都是毫无意义的。因此，构建思想政治理论课实践教学基地都应遵循目的性的原则。同时，思想政治理论课实践教学基地的开发和利用还必须达到良好的教育效果，通过在基地开展形式多样的实践教学活动，使大学生认同课堂教授的马克思主义理论知识，深化对理论知识的认识和理解，在大是大非面前有坚定的政治立场，表现较强的思想政治素质。

三、坚持主体性和系统性相结合的原则

思想政治理论课实践教学基地的开发和利用要充分体现学生主体性的原则。实践教学基地的构建的出发点和归宿就是在实践教学活动中从实践教学内容的选择到实践教学方法和手段的运用，以及评价的选择都要体现出学生主体的自主性和参与性。尊重学生的选择，照顾学生的关切，与学生共同打造丰富的实践课堂。同时，在尊重学生主体地位的同时，还需坚持用系统科学的思想原则和方法，体现出整体性、有序性、动态性和开放性等要素。基地的开发和利用是一项系统性工程，从基地的选择开始，必须坚持实践教学的目的性和有效性，并且为打造积极的实践教学环节，基地不仅仅是课堂的移动，它更是课堂的完整，所以，思想政治理论课实践教学基地是一个动态、开放的系统。

四、统筹性与创新性相结合的原则

思想政治理论课实践教学基地的开发和利用要兼顾校内实践教学基地和校外实践教学基地两个类别，这两部分要统一安排、统筹建设，既要完善校内教学基地，又要完善校外教学基地，这样既可以给予思政课教师更多的选择余地，也为学生提供了更加丰富的实践教学场所与环境。为此，校内实践教学基地要注意充分利用学校内部的资源，多个部门相互配合，形成良好的实践育人氛围。校外教学基地则是要选择一些具有良好合作条件的单位，逐步建立一批相对稳定的基地，以保证实践教学的顺利进行。开发校外实践教学必须有互利互惠的观念，既让社会力量支持教育，也让大学课堂走进社会，为实践教学基地提供服务。同时，在全球化背景下，随着我国改革开放的不断深入，各种观念不断碰撞，各种思想交织，势必会产生各种各样的新现象、新问题。因此，思想政治理论课实践教学基地的开发与利用必须随着时代的发展而发展，特别是实践教学基地的布置内容必须与时俱进，不能一成不变。创新性是指思想政治理论课实践教学基地的开发与利用必须以创新为动力，不断创新实践教学基地的活动模式、活动内容、活动载体等，开发建设一批适应时代要求、学校要求和大学生个性要求的实践教学基地。

五、覆盖性和安全性相结合原则

思想政治理论课实践教学基地的开发和利用要进行通盘考虑，思想教育、政治教育、道德教育、法治教育、爱国主义教育等方面的实践教学基地都要有，不能厚此薄彼，因为某一类的教育基地资源较多就照单全收，也不能因为某一类的教育基地开发困难就予以放弃。要坚持以人为本，以学生为本，根据学生的专业、年级、性别、

民族、成长背景、学习情况、心理素质、性格特征等不同情况来开发利用思政课实践教学基地，使每一个学生都在实践教学基地的活动中受到切实有效的教育。实现实践教育的全员覆盖，虽然实践操作中困难重重，但它却是无法回避的问题。同时，思想政治理论课实践教学基地的开发和利用必须遵循安全性的原则，特别是校外的实践教学基地，一定要建立各种突发事件的预案机制，一般而言，思政课实践教学基地要具有基本的医疗条件、卫生条件和安全保障。

第三节　高职院校思政课实践教学基地建设的实现

思想政治理论课实践教学基地的建设需要在开发和利用的原则指导下，开展实践教学资源的调查，合理规划思政课实践教学基地的布局，发挥各方积极性，协调进行实践教学基地的开发与利用。同时，扩大基地社会影响力，提高思政课实践教学基地的综合利用率。不仅将基地建立起来，解决有无的问题，更要将实践教学基地建设好，切实发挥基地的作用，实现实践教学基地的真正功效。

一、开展实践教学资源的调查，合理规划思政课实践教学基地的布局

思想政治理论课实践教学基地开发利用工作的首要任务是要在建立实践教学基地之前开展深入调查研究，然后根据调查信息，对实践教学基地建立的必要性、可行性及其蕴含的实践教学价值等各项指标进行综合评估，为思政课实践教学基地建设的科学决策奠定基础。同时，开发实践教学基地还要根据思政课的教育目标进行整体规划，合理布局，严禁低水平的重复建设，避免基地出现资源闲置和浪费等现象，应充分发挥思想政治理论课实践教学基地的综合育人功能。

二、发挥各方积极性，协调进行实践教学基地的开发与利用

建设思想政治理论课实践教学基地要充分利用校内和校外两种资源，按照“合作共建，双向受益”的原则，全面调动学校、基地单位、党政相关部门、社团组织等多方积极性，寻找合作的交融点，探索多元化建设途径，逐步形成长期共存、科学发展的长效机制。

1. 吸纳党政相关部门参与实践教学基地建设。中共中央、国务院《关于进一步加强和改进大学生思想政治教育的意见》指出：“要重视社会实践基地建设，不断丰富社会实践的内容和形式，提高社会实践的质量和效果。”这就从国家层面为思政课实践教学基地的开发给予了政策支持。将党政相关部门纳入实践教学基地开发的

体系，可以发挥党政部门的优势，为实践教学基地的建设提供强有力的政策保障。

2. 新闻媒体的广泛参与能为思政课实践教学基地建设营造良好的舆论氛围。各级各类新闻媒体对学生实践活动的宣传报道，直接影响社会对思政课实践教学的态度。发挥好新闻媒体的作用，可以优化实践教学基地开发利用的社会舆论环境，调动师生参与实践教学的积极性、主动性，也能及时报道和反映实践教学成果。

3. 高校是实践教学基地建设的主力军。高校应挖掘资源，合理布局，建设高质量的思政课实践教学基地。基地项目设计要根据“党政所想、社会所急、学生所需、活动所能”的要求，开辟一批思政课实践教学基地。通过在实践教学基地内广泛开展一系列主题鲜明、内容丰富、形式多样的实践教学活动，引导广大青年学生在社会实践中“创先进、做表率、争优秀”，在服务基层中“受教育、长才干、作贡献”，为促进地方经济社会发展作出应有贡献。

4. 共建单位的积极参与。高校在办学过程中形成了丰富的社会资源，各行各业的共建单位为思政课实践教学基地建设提供了重要支撑。这些单位既包括工厂、企业、机关、学校，也包括部队、医院、社区、村镇，利用共建单位建设实践基地，不仅具有可靠性、针对性，而且具有可行性。

5. 积极利用校友资源。依托校友资源建设思政课实践教学基地，是许多高校的通行做法。高校应充分发挥校友资源优势，积极联系，在校友所在单位建立实践教学基地。如此，不仅能够极大拓展学生参加思想政治理论课实践教学活动的空间，确保高校与基地单位的顺畅沟通，而且杰出校友的事迹对学生也会产生良好的教育与激励作用。

6. 联系周边社区。社区与高校虽在行政管理上相互独立，但是学生的学习、生活又不可避免地与所在社区发生联系，因此，社区环境对学生有着不可忽视的影响。应该以社区为平台，把社区变成思想政治理论课的“第二课堂”。高校可以与所在社区居委会签订双向服务协议，结合学生专业实际，积极挖掘周边社区资源，依托街道、福利机构、便民场所建设实践教学基地，组织学生开展实践教学活动。

三、扩大基地社会影响力，提高思想政治理论课实践教学基地综合利用率

思想政治理论课实践教学基地建立之后，通常面临的一个问题是开发利用不彻底或实践教学基地功能过于单一，导致基地影响力低，综合利用效率不高，最终影响教学基地的运行效益和思想政治理论课实践教学的开展。要解决这一问题，就要把基地打造成主题鲜明的思想政治理论课实践教学场所，多渠道加强宣传力度，努力扩大思想政治理论课实践教学基地在学校师生中的影响力。同时，在开发、利用和管理基地时，要对基地内各种教育资源的功能和价值进行分析，揭示各种教育资源之间的内在联系，促进教育资源之间的互动交流，努力提高思想政治理论课实践教

学基地的综合利用率。

四、加强思政课实践教学的协调管理，实现基地的共建共享

思想政治理论课实践教学基地的开发、利用与管理，重在开发利用，赢在管理。

1. 加强高校与校外单位的协调管理。思想政治理论课实践教学基地建设涉及高校、政府和基地所在地等众多单位和部门，需要相关各方加强沟通，相互协调。因此，应该成立有校外单位参加的思想政治理论课实践教学基地建设领导小组，领导小组要“定期或不定期开展调研，经常性地听取思想政治理论课实践教学基地和实践教学工作的汇报，及时研究新情况，解决新问题”。在思想政治理论课实践教学基地建设领导小组中，高校处于核心地位，是思想政治理论课实践教学基地开发利用的发起者、领导者与组织者。相关党政部门要为思想政治理论课实践教学基地的开发利用提供政策支持，新闻媒体要营造氛围，实践基地的企事业单位要为其提供实践场所、校外指导教师及其他资源。

2. 加强校内的协调管理。开拓思路，充分挖掘、调动、整合其他课程学习、社会实践、勤工助学、志愿服务等实践基地的资源，进行双基地建设。所谓“双基地”，是指“以思想性为基础，以专业性为依托，将学校各部门建立的实践基地统一起来，作为思想政治课的实践教学基地，根据思想政治课的教学内容在实践基地进行实践教学，实现思想政治课实践教学的阵地化发展”。这种“一地多用”，将思想政治课实践教学与其他活动实践基地有机整合的方式，能够使思想政治课实践教学的内容更加贴近社会、贴近生活，能够培养青年学生关心社会、适应社会的品质，使他们学会把自己的前途和国家发展的要求联系起来，以尽快找到适合自己发展的目标和发展方向，从而促进思想政治课实践教学的有效开展和青年学生的早日成才，从而保证思想政治理论课实践教学基地开发利用工作的有序进行和思想政治理论课实践教学的顺利开展。

参考文献

[1] 陈钢，孔庆茵，吴涯. 高校思想政治理论课实践教学实用教程[M]. 北京：高等教育出版社，2015.
[2] 郭纯平. 我国高校思想政治理论课实践教学研究[M]. 北京：世界图书出版公司，2014.
[3] 柳礼泉. 大学思想政治理论课实践教学研究[M]. 长沙：湖南大学出版社，2006.
[4] 罗军强. 高校思政课实践教学教程[M]. 长沙：中南大学出版社，2015.
[5] 骆郁廷. 高校思想政治理论课程论[M]. 武汉：武汉大学出版社，2006.
[6] 吕志，黄紫华. 面向社会 实践育人——高校思想政治理论课实践教学探索[M]. 广州：华南理工大学出版社，2009.
[7] 吕志. 育人之路——高校思想政治理论课实践教学攀越[M]. 北京：中央编译出版社，2014.
[8] 中共中央宣传部. 习近平总书记系列重要讲话读本[M]. 北京：人民出版社，2014.
[9] 周长明. 大课堂观视阈下的高校思想政治理论课实践教学改革探究[M]. 成都：西南交通大学出版社，2012.
[10] 朱云生，张清学. 高校思想政治理论课综合实践教学论[M]. 成都：西南交通大学出版社，2011.